本学术专著出版获得江西省高等学校人文社会科学重点研究基地课题

"环境侵权诉讼证明制度研究"（JD16078）基金资助

环境侵权诉讼证明制度研究

■ 赖玉中／著

HUANJING QINQUAN
SUSONG ZHENGMING ZHIDU YANJIU

中国政法大学出版社

2025·北京

图书在版编目（CIP）数据

环境侵权诉讼证明制度研究 ／ 赖玉中著. -- 北京 ： 中国政法大学出版社，2025. 1.
ISBN 978-7-5764-1621-3

Ⅰ. D922.684

中国国家版本馆 CIP 数据核字第 2024LZ1040 号

出　版　者　中国政法大学出版社

地　　　址　北京市海淀区西土城路 25 号

邮寄地址　北京 100088 信箱 8034 分箱　邮编 100088

网　　　址　http://www.cuplpress.com (网络实名：中国政法大学出版社)

电　　　话　010-58908285(总编室) 58908433 （编辑部） 58908334(邮购部)

承　　　印　固安华明印业有限公司

开　　　本　720mm×960mm　1/16

印　　　张　10.5

字　　　数　170 千字

版　　　次　2025 年 1 月第 1 版

印　　　次　2025 年 1 月第 1 次印刷

定　　　价　49.00 元

前　言

　　一项制度的内核，往往是一种文化的缩影。环境侵权诉讼证明制度的内核，便是生态文化的缩影。文化，内涵丰富，尤其是生态文化，更是包罗万象。因此，如何理解我国的生态文化，决定了如何构建我国的环境侵权诉讼证明制度。孟德斯鸠在《论法的精神》中论述道，地形、气候会对一个国家的法治文化产生深刻影响。我国的生态文化何尝不是如此，其深受我国特有的地形地貌和多样性气候影响。因此，当下我国的生态文化是多元的，且偏保守的，故在研究如何构建我国环境侵权诉讼证明制度时，也体现了这一文化特点。扎根本土资源，契合本土文化，考虑本土国情，都是本书从未脱离的基础。可能对于其他的部门法而言，受我国地形地貌、气候的影响并不深远，但就环境类法律法规而言，其相关制度与生态环境息息相关，这种相关性不仅体现在间接的文化联系上，还表现在直接的地理联结上。其实我国的生态环境也呈现出复杂多样性和脆弱性，并且拥有世界上众多珍贵稀有的野生动植物种群，因此，对于环境侵权行为的惩治也会越来越严格，证明标准也会随之有所下降。人定制度本身就是为了某一目的服务的，而不是其天然地就具有价值，其价值只有在为特定国家服务时才能体现出来。因此，作为程序上并无天然制度的环境侵权诉讼证明这一人定制度，并无自然的标准，而只有经验的标准抑或假想的最优标准。在我国，经验的标准或假想的最优标准必然也是为"保护环境，维护生态平衡"这一目的所服务，站位仍在于保护我国公民的生态环境利益，这是本书的定位所在。

本书基于保护我国公民生态环境利益的定位，系统地研究了环境侵权诉讼证明制度涉及的各个部分，其中包括环境侵权诉讼类型、侵权责任构成要件、原告适格、管辖、证明责任分配、证明标准、司法鉴定、专家辅助人、时效等九个部分的内容。各个部分内容的研究，虽然纷繁复杂，内容迥异，但均始终围绕着如何最大化维护我国公民生态环境利益来考量；但也不乏难以解决的疑难问题。譬如边境生态利益的保护，国有国界，但往往生态区域更看重的是一整块地界的生态功能，动植物并不会因为人为的划界而停止迁徙或生长，因此，如何解决跨境区域生态维护问题，是当前的难点；其次，对于他国污染蔓延到我国境内的，影响我国生态平衡的行为，如何保护所在生态区域的公民利益和国家利益也是棘手的问题之一。所以，生态环境的保护若放到全球来考量，势必对其他国家造成影响，因为生态区域并不受国界的限制，不会有任何一个国家因为鸟类飞越边境就将其击落，这是不合伦理也不合时宜的，因此强势国家会为了生态地域的整体利益而影响他国对该生态地域的保护，这是无法避免的，除非两者展开平等合作。故这也是本书定位于我国公民生态环境利益的理由之一，而不是放宽到整个生态保护之中。

当然，也有学者持反对意见，倡导应当摆脱"人类中心主义"的思想，维护地球生态平衡才是环境部门法制度的宗旨，环境侵权诉讼证明制度也不例外。学术研究主张百家争鸣，因此对于不同的观点，本书并不排斥，也希望能从不同的观点中完善自身，以思辨得出真正有利于人民的理论观点。"人类中心主义"与"生态中心主义"在现行的环境法学界确实占据着重要的地位，不同角度所衍射出来的观点也大为不同，所期冀构建的部门法制度也大相径庭。但我国素来倡导兼容并蓄，有容乃大，因此为何不充分吸收多种观点的长处以补充单一观点的不足呢？书中对两种主义的融合作了初步的阐释，对两者的矛盾进行了初步的消解，当然应当还有很多考虑不周和不足的地方，也希望各位读者提出批评和建议。

　　研究环境侵权诉讼证明制度，目的主要是帮助解决环境侵权诉讼在司法实践中长期存在的证明难问题，该证明难不仅针对的是受害人，也包括侵权人，这是由环境侵权本身的长期性、潜伏性、因果关系复杂性等特点所决定的。所以在具体的制度构建中，并无偏袒侵害人，特别是在环境公益诉讼当中，对于原告证明责任的分配和证明标准的设置，均是建议适用与普通公民环境侵权诉讼不同的标准，总体而言，在证明责任和证明标准上环境公益诉讼侵害人都要承担更高的义务。当然，书中还有其他章节对受害人和侵权人之间的利益权衡有更为细致的考量，在此便不一一列举。

　　本书是江西省高等学校人文社会科学重点研究基地课题"环境侵权诉讼证明制度研究"的结题成果，课题组成员新疆科技学院文化与传媒学院讲师江传辉负责撰写了第二、四、六、七章部分内容，中南财经政法大学生态文明研究院生态文明学博士研究生王耀珑负责撰写了第一、三、五、八章部分内容，本人作为课题负责人负责全书的统稿、修正与定稿。

　　写作此书，如前所述，是为了解决司法实践的证明难问题，本书的出版也希望能够达到这一目的，希望能在环境司法领域更好地帮助个案实现公平正义，让当事人都能服判履责。本书是在一年当中最燥热的季节写成的，可能不乏考虑不当之处，也敬请各位同仁提出批评。最后，衷心感谢帮助笔者完成此书的各位学友，中国政法大学出版社及各位编辑，希望此书能对各位有所裨益。

目 录

第一章　环境侵权诉讼类型 …………………………………………… 001

一、环境侵权诉讼的源起 …………………………………………… 001

二、环境侵权私益诉讼 ……………………………………………… 004

　（一）内涵 ……………………………………………………… 004

　（二）角色定位与价值 ………………………………………… 007

三、环境侵权公益诉讼 ……………………………………………… 008

　（一）内涵 ……………………………………………………… 009

　（二）角色定位与价值 ………………………………………… 013

四、环境侵权私益诉讼与公益诉讼的关系 ……………………… 014

　（一）差异性 …………………………………………………… 014

　（二）共通性 …………………………………………………… 016

　（三）私益诉讼与公益诉讼的融合 …………………………… 019

第二章　环境侵权责任的构成要件 ……………………………… 022

一、环境侵权责任构成要件的学说争议 ………………………… 022

　（一）四要件说 ………………………………………………… 022

　（二）三要件说 ………………………………………………… 025

　（三）二要件说 ………………………………………………… 027

二、环境侵权责任构成要件要素 ………………………………… 030

（一）过错 ………………………………………… 030

（二）污染行为或者破坏生态行为 ……………… 032

（三）损害 ………………………………………… 034

（四）因果关系 …………………………………… 035

三、完善环境侵权责任的构成要件 ………………… 040

（一）优化归责原则 ……………………………… 041

（二）完备"关联性"认定规则 ………………… 042

第三章　环境侵权公益诉讼的原告适格 ………… 048

一、环境侵权公益诉讼的原告类型 ………………… 048

二、环境侵权公益诉讼原告适格的理论基础 ……… 050

（一）公共信托理论 ……………………………… 050

（二）诉的利益理论 ……………………………… 052

三、我国环境侵权公益诉讼的原告适格 …………… 054

（一）社会组织资格条件的放宽 ………………… 054

（二）检察机关原告资格的明确 ………………… 056

（三）环保机关原告资格的完善 ………………… 058

四、国外环境侵权公益诉讼的原告适格 …………… 060

（一）美国：公民诉讼与集团诉讼 ……………… 060

（二）英国：检举人诉讼与代表人诉讼 ………… 062

（三）日本：住民诉讼与选定当事人 …………… 064

第四章　环境侵权公益诉讼的管辖 ……………… 066

一、环境侵权公益诉讼管辖的影响因素 …………… 066

（一）司法正义 …………………………………… 066

（二）诉讼便利 …………………………………… 068

（三）诉讼效率 …………………………………… 069

二、环境侵权公益诉讼的管辖困境 ···················· 070

（一）立法缺失 ····························· 070

（二）司法适用混乱 ························· 072

（三）管辖标准不一 ························· 073

三、环境侵权公益诉讼的级别管辖 ···················· 074

（一）级别管辖的立法规定 ················· 075

（二）级别管辖的实践探索 ················· 076

（三）级别管辖的确定标准 ················· 078

（四）级别管辖的具体设置 ················· 079

四、环境侵权公益诉讼的地域管辖 ···················· 081

（一）地域管辖的立法规定 ················· 081

（二）地域管辖的实践探索 ················· 082

（三）地域管辖的确定标准 ················· 083

（四）地域管辖的具体设置 ················· 085

第五章　环境侵权诉讼的证明责任 ···················· 086

一、环境侵权诉讼的证明责任 ························· 086

（一）内涵 ······························· 087

（二）对象 ······························· 088

（三）本质 ······························· 090

二、环境侵权诉讼证明责任的分配 ···················· 090

（一）证明责任的分配原则 ················· 091

（二）证明责任的分配制度 ················· 094

三、环境侵权诉讼证明责任的减轻与免除 ·············· 098

（一）证明责任的减轻 ····················· 099

（二）证明责任的免除 ····················· 102

第六章　环境侵权诉讼的证明标准 ·················· 104

一、环境侵权诉讼证明标准的含义及其必要性 ·············· 104

（一）含义 ··········· 105

（二）必要性 ············ 106

二、环境侵权诉讼证明标准理论述评 ············· 110

（一）英美法系"盖然性占优势"证明标准 ············ 110

（二）大陆法系"高度盖然性"证明标准 ··············· 112

三、环境侵权诉讼证明标准体系的构建 ············· 115

（一）认定损害事实适用的证明标准 ·············· 115

（二）认定侵权行为适用的证明标准 ············· 117

（三）认定免责事由适用的证明标准 ············· 119

（四）认定因果关系适用的证明标准 ············· 120

第七章　环境损害的司法鉴定 ·············· 123

一、环境损害司法鉴定的基本范畴 ·············· 123

（一）特点 ········· 124

（二）程序启动 ············ 126

（三）制度价值 ·············· 127

二、环境损害司法鉴定的困境 ············· 129

（一）环境损害司法鉴定科学性审查机制不完善 ········· 129

（二）环境损害司法鉴定难 ············ 130

（三）环境损害司法鉴定主体配置以及管理缺陷 ········· 133

三、完善环境损害司法鉴定之方案 ············· 135

（一）加强环境损害司法鉴定科学性审查 ··········· 135

（二）提高环境损害司法鉴定之技术实力 ··········· 137

（三）完善环境损害司法鉴定主体之配置与管理制度 ·········· 139

第八章　环境侵权诉讼的专家辅助人 ……………………… 141

一、厘定环境侵权诉讼的专家辅助人 ……………………… 141

二、环境侵权诉讼专家辅助人之必要性与正当性 ………… 143

　　（一）必要性 …………………………………………… 143

　　（二）正当性 …………………………………………… 148

三、环境侵权诉讼专家辅助人制度的完善建议 …………… 152

　　（一）调整诉讼地位 …………………………………… 152

　　（二）完善准入门槛 …………………………………… 154

　　（三）规范参与程序 …………………………………… 155

第一章

环境侵权诉讼类型

案件类型的确定于司法实践而言，关系到请求权的正确适用以及法律关系的妥当处理，是法院顺利开展审判工作的前提；而于学理研究而言，是研究环境侵权诉讼归责基础、责任承担以及证明标准等问题的出发点[1]。我国环境侵权诉讼，历经"唯私益诉讼"、"私益诉讼为主，公益诉讼初探"以及"私益诉讼与公益诉讼发展完善"三个发展阶段，逐渐形成"公私并进"的双轨制样态。而以保护利益之形态为区分标准，可以分为环境侵权私益诉讼与环境侵权公益诉讼两种类型，对应环境污染或是生态破坏侵害个人私益以及环境公益的纠纷。环境侵权私益诉讼以解决当事人之间的利益纠纷为直接目的，强调原告的利益纠纷与损失弥补，其客体为环境私益；而环境侵权公益诉讼则维护社会环境公益，弥补传统民事法对环境公益的保护不足，顺应我国社会发展的制度创新。环境侵权私益诉讼与公益诉讼二者之间并非"零和关系"，而是相互联系、相互补充的，它们存在诉讼目的、作用、范围以及主体上的差异，同时，亦有诉讼请求与事实认定上的互通。当下，环境侵权公益诉讼与环境侵权私益诉讼显现出相互融合、相互促进的发展趋势。

一、环境侵权诉讼的源起

环境民事法益保护"双轨制"非一日而成，在我国司法实践中，其形

----

[1] 参见窦海阳：《环境侵权类型的重构》，载《中国法学》2017年第4期。

成过程可分为"唯私益诉讼""私益诉讼为主，公益诉讼初探""私益诉讼与公益诉讼发展完善"三个阶段。

首先是"唯私益诉讼"阶段（1986年~2012年）。顾名思义，在这一发展过程中，环境侵权私益诉讼是公众在民事诉讼范围内保护环境相关权益的唯一诉讼手段，彼时法律规范中并未出现"环境侵权公益诉讼"相关概念，其研究多存在于理论界，实践探索未成规模。1986年公布的《中华人民共和国民法通则》（已废止，以下简称《民法通则》）第124条规定，污染环境造成他人损害的，应当依法承担民事责任；2009年公布的《中华人民共和国侵权责任法》（已废止，以下简称《侵权责任法》）沿袭并扩展了《民法通则》之规定，通过专门的章节规定"环境污染责任"，进一步明确了举证责任划分、承担责任大小与第三人过错赔偿的具体规定。透过法条足以看出，"唯私益诉讼"阶段民事法律规范所保护的"环境相关权益"仅表现为因环境污染遭受侵害的个人人身权益或者财产权益，环境本身法益保护、公众环境权益保护或者生态破坏责任未见明文规定，绝对的人类中心主义显然成为环境治理的宗旨。

其次是"私益诉讼为主，公益诉讼初探"阶段（2012年~2015年）。2012年，修正后的《中华人民共和国民事诉讼法》（以下简称《民事诉讼法》）首次通过法律的形式规定了环境侵权公益诉讼的"雏形"，其中第55条规定"对污染环境、侵害众多消费者合法权益等损害社会公共利益的行为，法律规定的机关和有关组织可以向人民法院提起诉讼"，据此，有关机关和社会组织可以为了维护社会公益对污染环境行为向人民法院提起民事诉讼，突破了将环境保护法益局限于个人私益的局面；2014年最高人民法院、民政部、环境保护部发布了《关于贯彻实施环境民事公益诉讼制度的通知》，2015年最高人民法院公布了《关于审理环境民事公益诉讼案件适用法律若干问题的解释》（以下简称《公益诉讼的解释》），前者树立了司法机关、行政机关相互分工、协作配合处理环境侵权公益诉讼案件的原则，后者则对环境侵权诉讼主体、具体诉讼程序等问题进一步释明，可以说我国环境侵权公益诉讼制度由此基本确立。在这一阶段，受我国经济发展的结构性调整、环境公害事件频发以及公民环境权益认知度的提高等因素影响，理论与实践都对"环境损害"的认识加深，明晰了其与传统民法体系下纯粹"人身、财产损害"之区别，研究焦点从"环境侵权"延展至"环境损害""生态破坏"，2015 年最高人民法院公布的《关于审理环境侵权责任纠纷案件适用法律若干问题的解释》（已废止，以下简称《环境侵权责任的解释》），将"污染环境"与"破坏生态"同时视为环境侵权的原因行为。至此，环境侵权诉讼保护法益实现了从私益到公益的转变，并关注环境法益本身价值。

最后是"私益诉讼与公益诉讼发展完善"阶段（2015 年至今）。环境保护逐渐成为社会共识，并上升为国家战略。环境侵权公益诉讼强化了公权力的介入，我国环境侵权诉讼体系初步构建后，有关方面一度预测，全国范围内的社会主体提起环境侵权公益诉讼的案件将呈现井喷趋势，但社会组织作为主体提起环境公益诉讼的情况总体较少。于是，调配公权力应对公益案件成为一种新思路，2017 年修正的《民事诉讼法》中将检察机关规定为提起环境侵权公益诉讼的适格主体；随后，2018 年最高人民法院、最高人民检察院公布的《关于检察公益诉讼案件适用法律若干问题的解释》对检察机关提起环境侵权诉讼的具体规则与程序进行梳理；而 2022 年生态环境部等 14 个部门发布的《生态环境损害赔偿管理规定》则将政府指定部门或者机构作为提起生态损害赔偿诉讼的主体；2023 年最高人民法院更是对 2015 年的《环境侵权责任的解释》进行补充修订后，以《关于审理生态环境侵权责任纠纷案件适用法律若干问题的解释》（以下简称《生态环境侵权责任的解释》）之名，配套《关于生态环境侵权民事诉讼证据的若干规定》一同向全社会公布。由此，我国环境侵权诉讼中社会组织、检察机关与法定政府部门都成为适格主体，形成了三方势力并驾齐驱，围剿环境公害的格局；环境侵权私益诉讼加大对环境污染、生态破坏行为的管控力度，强化被侵权人的维权手段。最高人民法院 2021 年公布了《关于生态环境侵权案件适用禁止令保全措施的若干规定》、2022年公布了《关于审理生态环境侵权纠纷案件适用惩罚性赔偿的解释》，明确了在环境侵权案件中，被侵权人可以采取申请禁止令的做法及时阻断侵权人的侵害行为，同时，在诉讼中可以向法院提起惩罚性赔偿诉求，让侵权人付出更多的侵权成本。在这一阶段中，我国环境侵权公益、私益诉讼制度都在不断发展完善，两者相辅相成，共同交织成维护公众环境权益"最严格制度最严密法治"的司法保护网。

我国环境侵权诉讼"公私并进"的发展历程，不仅是诉讼制度的更新完善，更体现出民事法律关系中"环境法益保护"这一诉讼目的日趋紧要的趋势。公益私益的划分是准确区分环境侵权诉讼类型的基础，而其内涵范围更是在很大程度上决定了诉讼过程中的证明对象、证明标准以及证明责任划分。当前，一方面，学界对于环境公益以及环境私益的内涵范围争议不断、观点杂陈；另一方面，环境侵害行为损害法益呈现复合性特征，一个环境侵害行为可能同时侵犯个人私益与环境公益，从而导致两种诉讼的竞合，故应当在适应司法实践的同时，进一步对其廓清。

二、环境侵权私益诉讼

（一）内涵

1. 私人利益

私人利益是指私人对能满足其各种需要的客观对象的确认[1]，从民事法的视角出发，利益主体便包括自然人、法人与其他组织，而不仅仅指公民个人。私人利益与公共利益相对，在我国古代，公民摄取私人利益一度与主流文化之提倡相去甚远，儒家思想虽承认私人利益的存在，但认为其并不属于个人而是属于家庭、社会等类似群体，摄取私人利益的行为也受到一定程度的轻视，所谓"子罕言利""君子喻于义，小人喻于利"，传统儒家思想中，大义或者公共利益居前。而当下，正当的私人利益早已被各国立法确认，公益、私益没有绝对的次序之分，私人权益保护是民事法诞生

---

〔1〕 参见王景斌：《论公共利益之界定——一个公法学基石性范畴的法理学分析》，载《法制与社会发展》2005 年第 1 期。

的初衷与发展的风向标，甚至有学者认为个人才是真正的法律主体[1]。

民事法所保护的私人利益包含权利和法益两个部分，当然，此中"私人利益、权利和法益"均是在合理合法的前提下展开讨论，为法律所否定的部分不在前列。对于权利与法益的讨论，部分学者认为公民法益当中包含权利，权利亦是法律的一种[2]，或者说是其核心部分；部分学者主张对两者进行严格的界分，认为权利之利益似乎较法益之利益的范围更加清晰[3]。耶林认为任何法律也都以某种利益为目的[4]，即不论是权利还是法益都在法律所保护的范畴之内，私人利益的明晰依赖于权利与法益之释明。从源起的视角看，在19世纪欧洲大陆法典编纂之际，概念主义法学理念盛行，它认为法官仅能严格按照成文法典的规定做出裁判，不存在对其进行解释的空间，公民拥有的权利便是法典所记载的权利，认为法典之维已经囊括了生活的全部[5]。但这种法典万能的愿景很快被打破，随着社会发展，不论是公民权利类型，还是违法、侵权行为方式都急速扩张，立法者逐渐认识到仅保护法典列明的权利是远远不够的，于是"法益"应运而生，意指受法律保护或能够产生法律效果的利益[6]。

《侵权责任法》当中，侵权之"权"不仅包括民事权利，而且包括受法律保护的法益。而私人利益，我们通过《中华人民共和国民法典》（以下简称《民法典》）可知，民事权利主要包括人格权与财产权两类，人格权在学理上被划分为具体人格权与一般人格权，前者是《民法典》明文规定的公民所享有的人格权，例如生命权、身体权、健康权等，后者是指基于人身自由、尊严等享有的人格权益，具有概括性；而财产权则被划分为

---

〔1〕 参见董兴佩：《公法的私人法益诉求及我国公法制度的完善》，载《学术论坛》2009年第6期。

〔2〕 参见李岩：《民事法益的界定》，载《当代法学》2008年第3期。

〔3〕 参见曹险峰：《在权利与法益之间——对侵权行为客体的解读》，载《当代法学》2005年第5期。

〔4〕 参见张驰、韩强：《民事权利类型及其保护》，载《法学》2001年第12期。

〔5〕 参见曹险峰：《在权利与法益之间——对侵权行为客体的解读》，载《当代法学》2005年第5期。

〔6〕 参见张驰、韩强：《民事权利类型及其保护》，载《法学》2001年第12期。

物权、债权等。对于民事法益，虽然法益本身便是高度抽象的概念，但学界仍对其进行了各种不同的归类，除了熟悉的人身法益、财产法益以及混合法益，还包括专属法益、一般法益、有形法益、无形法益、现实法益以及期待法益等，对各类法益的保护，《民法典》皆有体现。再回到"环境"这个出发点，环境本身不是民法当中通常所说的具有排他性的、可以支配的"物"，但对环境的侵害却有可能侵害到公民的人身权益与财产权益等方方面面，故其具有特殊性。

2. 环境私益

作为环境私侵权益诉讼的客体，环境私益即环境侵权行为直接侵害的部分，学界将其落脚点归为民事主体的人身、财产性利益。环境侵权行为主要表现为污染环境的行为，与生态破坏行为不同，后者的侧重点在于对环境利益本身的损害。污染环境的行为既可能导致民事主体的人身、财产损害，也可能导致生态破坏，但生态破坏并不是其必然和最终后果，而破坏生态行为只可能导致环境恶化的后果，两者不能混同〔1〕。此外，生态破坏行为的客体通常为环境公益，其影响范围、时长更为广泛，都在环境侵权公益诉讼的调整范围内。那么，环境私益主要包括哪些民事权益？有学者认为，环境私益与传统民事法所保护的主体利益不同，其"遗传"了传统侵权行为中"致人损害"的部分，但也出现"环境损害"部分之"变异"〔2〕，环境损害通常与传统损害交织在一起，这种损害包括自然的生态价值损害、资源价值损害、精神价值损害、生物多样性减少和丧失、动物损害五种〔3〕。

环境私益的主体离不开人，虽然环境侵权关系与传统侵权关系的传导模式不同（传统侵权关系表现为"人—人"／"人—财物"，环境侵权关

---

〔1〕 参见吕忠梅、窦海阳：《以"生态恢复论"重构环境侵权救济体系》，载《中国社会科学》2020 年第 2 期。

〔2〕 参见吕忠梅：《环境侵权的遗传与变异——论环境损害的制度演进》，载《吉林大学社会科学学报》2010 年第 1 期。

〔3〕 参见徐祥民、巩固：《环境损害中的损害及其防治研究——兼论环境法的特征》，载《社会科学战线》2007 年第 5 期。

系则表现为"人—环境—人/财物"），环境侵权行为与致损结果之间具有相对的间接性，但环境私益终究离不开人之本体。进而言之，环境与民事主体究竟是何种关系？若环境对其人身、财产之影响仅是空中楼阁般的存在，便没有动辄民事法保护的必要性。人们对于美好生活环境的需求并非一开始就存在，根据马斯洛需求理论，人只有在满足最基本的生存需求之后，才会寻求其他需求的满足，从这个逻辑来看，在还未实现温饱的年代，环境私益自然没有引起立法者的重视，但当下，对美好生活环境、可持续发展环境的追求甚至上升为我国的国家战略。质言之，社会发展将在很大程度上影响民事法当中主体环境私益的保护必要性以及内涵范畴。事实上，环境是先于人类存在的，人类是地球发展到一定阶段的产物，人类从环境中摄取各类生活必需的资源，科学家们把生态系统与生态过程所形成及所维持的人类赖以生存的自然环境条件与效用称作生态系统服务，其为人类提供供给、调节、文化和支持四大功能[1]，这种"服务"与"需求"紧密关联。概言之，便是"人类须臾离不开自然"，当人们发现自然环境并非取之不尽用之不竭之时，便诞生了环保观、代际观，并将其注入法律保护的范围之中，这便是环境私益的诞生基础。

　　环境具有整体性、关联性，环境单一要素受损将直接影响人的使用需求，甚至产生系统性风险，影响更大的群体，可谓环境损害牵一发而动全身，影响直接受害人乃至间接受害人的人身、财产等利益。例如自然环境的不利变化，水质差、空气污染、能见度低以及光照差等，将直接影响到民事主体的健康权、相邻权等民事私益；而对自然资源的毁损抑或将直接影响民事主体财产性利益，比如水质变差了，渔民的收益便不乐观。足见环境在很大程度上影响到人类，人类离不开自然环境，环境损害将直接或者间接地侵害民事主体的各类权利。因此，环境私益具有保护的正当性、必要性与紧迫性。

　　（二）角色定位与价值

　　环境侵权私益诉讼以解决当事人之间的利益纠纷为直接目的，强调原

---

〔1〕　参见朱雯：《论环境利益》，中国海洋大学 2014 年博士学位论文。

告的利益纠纷与损失弥补，当前我国环境侵权私益诉讼制度被规定在《民法典》的物权编与侵权责任编当中，前者在相邻权的部分规定中有所体现，"不动产权利人不得违反国家规定弃置固体废物，排放大气污染物、水污染物、噪声、光、电磁波辐射等有害物质"，此类侵害被学界称为不可量物侵害[1]，虽在相邻权的范畴之内，但也显而易见地体现出环境特征，若不可量物侵害公民人身、财产权利，公民可以通过环境侵权私益诉讼方式进行维权；而后者即侵权责任编中的相关规定，环境侵权作为专门的小节被明确，环境侵害行为损害公民权益的，受害者可以按照传统侵权之诉获得弥补、赔偿，环境侵权私益诉讼是我国环境侵权诉讼制度发轫的基础，其目的亦是维护民事主体因环境侵权行为而遭受的损失，相较于公益诉讼的"环境修复"，私益诉讼更侧重于私权利的保护。

有学者认为，环境侵权私益诉讼才是诉讼"本来面貌"，重公益诉讼的发展是对污染受害者利益的牺牲，故应当进行某种程度的"回归初衷"[2]。环境侵权私益诉讼不仅是公民维护环境私益的有效手段，其有效推行更是能够唤醒全社会、全人类的环境保护意识，在美国受到环境侵害的公民可以通过公民诉讼的方式进行维权，其环境私益保护制度早已相对成熟，可以为我国环境侵权私益诉讼制度的发展提供参考与启发。

三、环境侵权公益诉讼

由于保护客体的不确定，学界对于环境侵权公益诉讼概念的观点杂陈。有的学者认为，环境侵权公益诉讼即公民或组织针对其他公民或组织侵害环境公共利益的行为请求法院提供民事性质的救济的诉讼[3]，此时保护客体为"环境公益"；有的学者认为，环境侵权公益诉讼维护的是公

---

〔1〕 参见马强：《环境民事诉讼研究》，载《河南财经政法大学学报》2014年第3期。

〔2〕 参见黄大芬、张辉：《环境私益诉讼与环境公益诉讼的界分——回归诉讼本来面貌》，载《河南科技大学学报（社会科学版）》2018年第5期。

〔3〕 参见吕忠梅：《环境公益诉讼辨析》，载《法商研究》2008年第6期。

众的"环境权"[1];还有的学者认为,环境侵权公益诉讼是指为维护"社会公共利益"提起的民事诉讼[2]。正如"正义有着一张普洛透斯似的脸",环境公益、环境权、社会公益都不具备法律上的准确定义,具有模糊性,但被保护的客体的定义、内容、范围,又恰恰直接影响诉讼性质、角色定位以及实施价值,质言之,我们应当首先厘清"环境公益"之维。

(一) 内涵

1. 公共利益

公共利益是环境公益存在的前提,环境公益包含于公共利益之中。无论是理论还是实践,对于"公共利益"的探究似乎从未停止过,一路上遭遇的难题包括公共利益是否真正存在、如何准确界定以确保个人权利不被侵犯,等等。我们可以推断出,若公共利益不存在,那么环境公益也不会存在,环境侵权公益诉讼自然失去了存在的基石;若公共利益无法准确界定,那么环境侵权公益诉讼便无法准确找到制度侧重、发展方向,甚至存在制度倒退、侵害公民个人权益的可能性。

运用语义分析法,公共利益可以划分为"公共""利益"两个部分,在法哲学领域中,两者都是常见的命题。

对于"公共",德国学者洛厚德主张以"地域"为标准对其进行界定,认为公益是地区内大多数人的利益,其"地域基础标准"具有启蒙意义,但是无法应对人口跨区域流动问题,区域内人口难以保持固定不变、区域内设施利益难以排除他人跨区域享受[3]。面对"地域基础标准"带来的难题,德国学者纽曼进而提出"不确定多数人理论",主张公共应当按照数量标准进行定义,指不确定的大多数人的存在,公益便是不确定的大多

---

[1] 参见蔡守秋:《从环境权到国家环境保护义务和环境公益诉讼》,载《现代法学》2013年第6期。

[2] 参见王展飞:《环境民事公益诉讼和私益诉讼关系刍议》,载《人民法治》2015年第5期。

[3] 参见范振国:《公共利益的法律界定与限制研究》,吉林大学2010年博士学位论文。

数人的利益，有学者认为纽曼的"不确定多数人理论"成为公共标准之通论[1]。但"不确定多数人理论"仅从数量角度考量公共显然欠缺合理性，特殊少数群体的利益保护也应当是符合公益的表现，此外，该观点还存在显见的逻辑矛盾，既然人数"不确定"，那又如何确定"多数"？此外，德国学者还提出以"圈子"界定公共，将人数限定在少数人范围内，但如此一来，公共的内涵便偏离本意了。

对于"利益"，耶林内克认为，利益是一种离不开主体对客体之间所存在的某种关系的价值形成，是被主体所获得或肯定的积极的价值[2]。而在霍尔巴赫眼中，利益就是指一切能够使我们增加快乐、减少痛苦的东西，是我们每个人看作自己的幸福不可缺少的东西。可见，利益是存在于主体与客体间的某种关系，这种关系是正向积极的、有价值的，这一观点成为学者们的共识。纽曼进一步将利益划分为"主观的利益"与"客观的利益"，前者是主体主观上直接感受到或是其认为存在的积极价值，而后者则指主体并未主观察觉，但仍实际存在的积极价值。利益的本身也具有模糊性，因为所谓"积极价值""有用性"的判断均存在个体差异。

"公共"与"利益"的不确定，无法拼凑出完善的公共利益内涵，语义分析法在某种程度上反而加剧了公共利益语义模糊的现状，但我们仍可透过哲学家们的深思，抽离出公共利益的必备要素。简言之，公共利益具有受益对象的不特定性、多数性，利益性质的公用性以及利益享用的可实现性三个主要特征。以"圈子"理论作为对比对象，受益对象的不特定性、多数性是指公共利益的受众并非限定在固定范围内的少数人，而是非限定的大多数人可以享用的利益，其中，"大多数"并不能确定其具体基数，因为区域内的人员具有流动性，是处于动态变动之中的。"圈子"理论将受益范围、人员数量进行限缩是与公共概念背离的表现，"公共"至少需要满足开放的、相对大范围的多数性之条件，公共利益旨在使大多数

---

〔1〕 参见胡建淼、邢益精：《公共利益概念透析》，载《法学》2004年第10期。

〔2〕 参见胡锦光、王锴：《论我国宪法中"公共利益"的界定》，载《中国法学》2005年第1期。

人都成为利益的收获者，提高受众生活质量，带来正向价值。利益性质的公用性是从公共利益的目的角度出发进行的归纳，公共利益需要满足性质上的公用性，其存在是为不特定的大多数服务。公共利益与共同利益、集体利益不同，某一集体、部门或是集团内奉行的共同目的、需要维护的内部利益并非公共利益，因为不具有普适性，公共利益并非满足特殊群体利益的工具。最后，利益享用的可实现性是指公共利益是可以被受益群体所直观感受的、实际受益的，公共利益不是虚无缥缈的存在，虽然其具有宏观属性、受众范围广，但是洗尽铅华之后，公共利益终归需要落实到每一个个体身上，正如罗尔斯所言，利益，不论是个人的或集体的，最后必须像饥饿或发痒那样，落实到个人，为个人所感觉到。换句话说，不存在不能落实为个人利益的国家利益或社会的集体利益[1]。

2. 环境公益

如果说社会公益是不特定大多数人可以享有的积极利益，那良好、舒适的环境显然属于其中的一部分，即环境公益是社会公益的一分子。通常，人们理解的"环境"包括自然资源、生态功能等，从民事法的角度看，环境兼具自然价值与经济价值，故破坏生态环境的行为通常涉及侵害个人、集体私权，公共利益以及环境本身，是"公私交融"的领域。随着我国环境法理论与实践的深入，作为环境侵权公益诉讼客体的"环境公益"也不断明晰、廓清。

《中华人民共和国环境保护法》（以下简称《环境保护法》）第2条规定："本法所称环境，是指影响人类生存和发展的各种天然的和经过人工改造的自然因素的总体，包括大气、水、海洋、土地、矿藏、森林、草原、湿地、野生生物、自然遗迹、人文遗迹、自然保护区、风景名胜区、城市和乡村等"。从该条款的规定中可以看出，环境不仅仅包括传统意义上的"大气、水、海洋、土地"等国有自然风貌，还包括"风景名胜区、城市和乡村"等经人工改造的、国家或是集体所有的环境因素，甚至还包

---

[1]　参见［美］约翰·罗尔斯：《正义论》，何怀宏等译，中国社会科学出版社1988年版，第257页。

括矿藏等此类易转化为私人所有的自然资源。当然，法条所列举的仅为"环境的状态"，或是说"表见的环境"，"影响人类生存和发展"意味着法律保护的不单单是环境要素的存在本身，还有其足以维持人类生存和发展要求的状态。2015 年最高人民法院公布的《公益诉讼的解释》，其中便释明了生态环境损害以及修复事宜，法院可以判决被告将生态环境修复到受损前的功能和状态，原告主张被告赔偿生态环境损害至修复期间功能服务损失的，法院应当予以支持，足见环境的"服务功能"也是环境公益的重要组成部分。有学者指出，自然资源不应当被归于环境侵权公益诉讼的客体保护范围内，因为自然资源具有的财产权性质与私人财产权并无本质区别[1]，损害自然资源造成的损失可以通过民事私益诉讼的途径进行救济，但该观点没有考虑到环境侵害行为同时导致生态破坏与自然资源损失，即同时损害环境自然价值与经济价值的情况，在这种局面下，单一的救济途径必然无法解决复合性难题，质言之，当自然资源损害危及环境自然价值时，自然资源的环境价值也是环境侵权公益诉讼的救济客体之一。

在民事法领域，公民是否享有环境权？这是环境公益动辄通过民事诉讼进行保护的基础问题之一，若公民享有环境权，无疑能够增加法定主体提起环境侵权公益诉讼的正当性，也能够推动法定主体向社会个人扩张。《民法典》中的绿色原则，被学界视为今后民事法将逐渐加强环保意识、与环境法融合的标准，虽然《民法典》并未明文肯认公民享有"环境权"，但当下的"环境权"无疑具有民事属性。而在理论研究的层面，公民享有环境权已经成为学界共识，环境权是自然人享有适宜自身生存和发展的良好生态环境的，一种非财产性、非经济性的生态服务型法律权利[2]，环境权是一项概括性的概念，部分国家通过列举的方式进行展开，如在美国一些州的宪法中便规定，环境权包括清洁空气权、清洁水权、免受过度噪

---

〔1〕 参见黄亚洲：《论环境民事公益诉讼的救济客体》，载《中南林业科技大学学报（社会科学版）》2020 年第 4 期。

〔2〕 参见邹雄：《论环境权的概念》，载《现代法学》2008 年第 5 期。

声干扰权、风景权、环境美学权等[1]，环境公益在某种程度上看，便是此类环境权的集合。

（二）角色定位与价值

环境侵权公益诉讼制度的诞生，是弥补传统民事法对环境公益的保护不足、顺应我国社会发展的制度创新。民法通常为"私法"的代表，保护的是民事主体的私权利、调整的是平等主体间的人身与财产关系，而公益诉讼则以维护社会公益为目的，检察机关、法定部门以及社会组织为其适格原告，具有典型的"公法"性质，按照这样的逻辑，公益、诉讼制度应当无法纳入民事法体系当中。但随着社会发展，公益、私益相互融合成为必然趋势，环境、消费、食品卫生等领域出现越来越多既侵犯公民个人权益又破坏社会公益的综合性社会问题，传统的各部门法严格按照各自职能处理某类社会问题的做法明显滞后，为了应对此类情状，公法与私法的绝对界线开始被打破，运用综合性法治手段弥补分工处理的不足，成为有效措施，我国的环境侵权公益诉讼制度便是其中之一。有学者认为，民事侵权公益诉讼制度中的"民事"只是外观和表象，"公益"才是本源和目的[2]，这意味着环境侵权公益诉讼制度与传统私益诉讼制度有所区别，需要侧重于承担更多的公益职责。但根据当前法律的相关规定，我国环境侵权公益诉讼制度被纳入侵权诉讼制度当中，强调其民事私法属性，与侵权诉讼相比仅仅是原告资格扩张了、民事责任承担方式增加了，然而，目前环境侵权公益诉讼制度公众参与性不足、生态修复措施法律性质模糊、司法与行政部门衔接不畅，未来应当进一步强化其维护公共利益与处理公共事务的特性。

环境侵权公益诉讼制度有利于缓解传统环境司法的不足，传统环境司法过分依赖行政机制，但环境侵害往往影响范围广、受害人数多，行政机关负累沉重，在国家事务量与日俱增的情况下无法"面面俱到"，而且重惩罚、令行禁止的行政手段无法满足修复受损社会关系以及环境修复的需

[1]　参见吕忠梅：《论公民环境权》，载《法学研究》1995年第6期。
[2]　参见巩固：《环境民事公益诉讼性质定位省思》，载《法学研究》2019年第3期。

要。此外，在传统的三大诉讼体系下，仅检察机关代表国家提起的刑事诉讼属于公益诉讼范畴，环境公益的维护渠道少，环境侵权公益诉讼制度便回应了对环境公益保护力度加大的期待，同时，减轻了传统行政执法负担，加强了司法执法合作，为环境公益保护加码；不仅有利于促进新型权利的诞生、推动更多环境公共政策出台，环境侵权公益诉讼制度还为司法制度创新保护环境公益提供了良好范例，有利于更好地治理环境问题、补偿环境损害，加强了环保维度。

四、环境侵权私益诉讼与公益诉讼的关系

环境侵权私益诉讼与公益诉讼并不是非黑即白、水火不容的关系，两者虽然存在明显差异，但在司法理论与实践中都是相互联系、相互补充的。可以说环境侵权公益诉讼在环境侵权私益诉讼的基础上发展而来，两者存在诸如诉讼目的、作用、范围以及主体不同的"冲突点"，也存在事实认定、证据证明方面的"共通性"，从环境私益以及环境公益两个维度共同完善了环境民事权益保护体系。

（一）差异性

1. 诉讼目的不同

环境侵权私益诉讼之诉讼目的是维护民事主体私人利益，解决的是当事人之间的民事纠纷；而环境侵权公益诉讼则是为了保护环境公益，保证公众能够享有良好的生存环境，具有社会性、公益性，两者诉讼目的不同。诉讼请求承载着诉讼目的，从诉讼请求的层面看，环境侵权私益诉讼中原告可以向法院提出的损害赔偿请求通常局限于环境侵害对其已经造成的人身或者财产损失，而在环境侵权公益诉讼的场景，诉讼请求的基点并非单纯的请求赔偿，修复、治理受损环境对于环境公益保护更为必要，环境侵害主体通常还需要承担生态修复责任。此外，当前环境侵权公益诉讼中原告的诉讼请求可以具备预防性、惩罚性色彩，公益诉讼不需要等到环境侵害造成实际影响时才能提起，由于生态环境的整体性、联系性，污染一旦产生将迅速传播、广泛扩散，故当环境侵害行为即将产生重大影响之

时便可及时通过诉讼途径进行制止；环境侵权公益诉讼原告可以对法院提出要求被告承担惩罚性赔偿的诉讼请求，而不仅仅止于"补偿"。

2. 诉讼作用不同

环境侵权私益诉讼的直接目的，在于补偿民事主体因环境侵害而遭受的人身、财产性利益损失，重在事后的弥补救济；环境侵权公益诉讼不仅需要对公众环境损害进行回应，还承担着环境修复、可持续发展等环境公益目的，重预防和修复，两者所起到的诉讼作用不同。从诉讼性质上看，环境侵权公益诉讼并非传统意义上的民事诉讼，它是为了弥补行政司法不足而创制的一种特殊的司法机制〔1〕。环境侵权私益诉讼是确认与实现私法的制度，而公益诉讼则具有公法色彩，两者分工明确、相互补充，但由于环境侵权具有综合性，加之环境侵权民事公益和私益诉讼主体均可对被告提起"停止侵害"等类似制止被告继续环境侵害行为的诉讼请求，于是，一个诉讼的终结往往同时起到保护环境私益与环境公益的作用，从这个视角看来，两者的诉讼作用虽有差异，但同时也存在一定程度的竞合。我国早期的社会发展属于粗放的发展模式，环境公益一度为经济发展让步，造成经济发展了但环境污染日渐严重的后果，随着环保观念、可持续发展理念的普及，环保才作为基本国策予以重视，环境侵权民事公益和私益诉讼都是顺应社会发展的产物，都对中国特色社会主义建设起到重要作用。

3. 适用范围不同

从学理的角度看，以环境侵害分类为界，环境侵害分为环境损害、生态破坏两类，环境损害包括私主体民事权益损害、私主体民事权益与环境公益混合损害，生态破坏则为纯粹的环境利益损害，那么环境侵权私益诉讼便用以应对私主体民事权益受损情况，环境侵权公益诉讼则用以应对生态破坏情况，当混合型损害出现时，环境侵权民事公益与私益诉讼便存在一定程度的"牵扯"；从司法实践的角度看，根据《公益诉讼的解释》相关规定，环境公益诉讼旨在处理已经损害社会公共利益或者具有损害社会

---

〔1〕　参见巩固：《环境民事公益诉讼性质定位省思》，载《法学研究》2019 年第 3 期。

公共利益重大风险的污染环境、破坏生态的行为，而私益诉讼则是应对个人权益受损情况，后者并不包括"重大风险"的预防，只有当侵权损害结果实际产生了，受害人才会或者才能够向法院提起环境侵权私益诉讼，而且，我国尚不认可社会个人为环境公益诉讼的适格原告，质言之，环境侵权私益诉讼只能针对已经产生损害结果的侵权行为，而无法像公益诉讼那样"对存在重大风险的侵害行为进行预防"。

4. 诉讼主体不同

环境侵权私益诉讼主体需要与诉讼标的具有直接的利害关系，环境侵害直接导致原告利益受损，方具备提起私益诉讼的资格，但环境侵权公益诉讼原告与诉讼标的的联系相较之下更为松散，这是由于客体的公共性，被侵害的往往是公众的环境利益而非个人。根据相关法律的规定，自然人、法人以及社会组织是提起环境侵权私益诉讼的适格主体，而在环境公益诉讼中，则为符合法定条件的社会组织、检察机关以及负有环境资源保护监督管理职责的国家机关，私主体暂时并未纳入提起环境侵权公益诉讼的适格主体之列。有学者认为，私主体作为环境污染事件中直接的受害者是具有合理诉权的[1]，在德国、法国等国家，公民都具备相应的诉权并在公益诉讼中起到重要作用。环境侵权公益诉讼与私益诉讼中，两造诉讼地位以及法院能动性亦有所不同，就诉讼地位而言，环境侵害主体往往是具备一定经济实力的企业、集团等，而利益受损方与其相比则显得"势单力薄"，在诉讼过程中侵害主体能够掌握更多的事实证据，造成两造的"实力差"；而就法院能动性而言，由于具有公益性质，在公益诉讼中法院更为积极地推动环境侵害行为、损害结果等因素的调查，但在私益诉讼中则强调法律关系的平等性，法院此时更为"居中"。

（二）共通性

1. 诉讼请求的共通性

《民法典》第 1167 条规定，侵权行为危及他人人身、财产安全的，被

---

〔1〕 参见白彦：《环境民事公益诉讼原告主体资格问题研究》，载《浙江社会科学》2016 年第 2 期。

侵权人有权请求侵权人承担停止侵害、排除妨碍、消除危险等侵权责任；《公益诉讼的解释》第18条规定，对污染环境、破坏生态，已经损害社会公共利益或者具有损害社会公共利益重大风险的行为，原告可以请求被告承担停止侵害、排除妨碍、消除危险、恢复原状、赔偿损失、赔礼道歉等民事责任。可见，依照法律规定，环境侵权民事公益诉讼与私益诉讼的原告均可向法院提出让被告承担"停止侵害、排除妨碍、消除危险"此类内容相同的民事责任，不仅如此，法院亦不能以在环境侵权公益诉讼中被告承担过相似民事责任而回避私益诉讼的诉请。司法实践中，公益诉讼与私益诉讼原告均可能对被告提出停止侵害的诉讼请求，但显然两者的"停止"范围不能一概而论，私益诉讼维护环境私益所需求的"停止"限于个人受损权益范围，而公益诉讼之需求则需满足环境公益需求，需要更为广泛、全面、彻底。但若诉讼请求的混同难以避免、诉讼请求内容高度一致的情况下，重复进行审理便失去了必要性，是过度消耗司法资源的表现，因此仅需审理一次即可；此外，如赔偿请求竞合导致被告无法同时赔偿两诉原告损失，则需要秉持"私益优先"的原则，明确其赔偿顺位。

2. 事实认定的共通性

案件事实可以分为司法机关查明的案件事实以及自认的案件事实，由于环境侵权公益诉讼与私益诉讼皆源于同一个环境侵害行为，故在同一环境侵权案件中，两者在环境侵害主体、行为以及损害等基础事实上具有较大的共通性。《公益诉讼的解释》也承认了这一点，经过前公益诉讼认定的事实，在后私益诉讼过程中无须重复举证，但为了保障私益诉讼原告的合法权益，该解释同时明确若原告对该事实存在异议并有相反证据足以推翻的除外，同时，被告在私益诉讼中不可直接援引前诉对己方有利的事实认定，仍应举证证明，解释充分考量了环境侵权私益诉讼中主体双方的诉讼实力差距。而对于双方自认的事实，即在诉讼中认可的于己方不利的案件事实，其共通性应当具体问题具体分析。根据传统既判力理论，同一主体同一争议事实已经经过法院裁判解决的，双方不得基于判决争议再次起诉，据此，由于环境侵权公益诉讼与私益诉讼原告主体不同，前公益诉讼原告在诉讼过程中自认的事实当然无法适用于私益诉讼原告；而从被告的角度看，不论是公益诉讼还是私益诉讼，被告主体通常不发生改变，那么前后诉其自认的事实便具有互通性，若被告在前后诉中做出前后矛盾的事实陈述，实际上是对诚信原则的违背，甚至存在虚假陈述之嫌[1]。

3. 证据与证明的共通性

环境侵权公益诉讼与私益诉讼在证据与证明方面具有共通性，这是由环境侵害的综合性决定的。在环境侵害同时损害环境公益、环境私益，导致不同法定主体分别提起环境侵权公益诉讼以及环境侵权私益诉讼的情况下，两个案件的证据材料、证明内容以及证明对象便会出现高度"重叠"的现象。一方面是证据的共通性，由于环境侵害的事实认定的互通，法院在前诉中依职权所收集的证据，在后诉中便无须对同一证据进行重新收集，根据《公益诉讼的解释》第30条之规定，一般情况下，在环境侵权公益诉讼中已经通过裁判认定的事实，在私益诉讼中双方便无须对其进行再次举证证明，这是法律层面上对两者证据共通性的认可，但前提是需要经过前诉生效裁判之认可，方能发挥其证据效力；另一方面是证明的共通性，两者在举证范围上高度重合，不论是环境侵权公益诉讼还是私益诉讼，都需要证明侵权行为的主体、损害结果、因果关系以及免责事由等因素，在庭审中均需对以上因素进行举证质证。而从证明责任、证明标准的角度，环境侵权私益诉讼采取"谁主张，谁举证"与"举证责任倒置"的责任划分规则，在证明标准上需要达到"高度盖然性"，但环境侵权公益诉讼中证明责任、证明标准并未明确规定是否应当与私益诉讼趋同，有学者主张应当有所区分，在检察机关作为主体提起环境侵权公益诉讼的情况下，便无须适用"举证责任倒置"的证明规则，因为作为国家公权力机关的检察机关与被告通常不存在较大的"力量差距"[2]。

---

[1] 参见吴如巧等：《论环境民事公益诉讼与私益诉讼的共通性——以最高人民法院相关司法解释为视角的分析》，载《重庆大学学报（社会科学版）》2019年第5期。

[2] 参见陈广华、缪宗崇：《环境民事公益诉讼和私益诉讼融合研究》，载《河南社会科学》2021年第11期。

(三) 私益诉讼与公益诉讼的融合

我国环境侵权私益诉讼与公益诉讼呈现出相互交融无法明确区分的发展趋势，制度的"融合"与"衔接"有所区别，如果说衔接意在将两个相互区分、相互独立的制度"首尾相连"、分工协作，使联系更加紧密，那么融合便是打破现有制度桎梏，打造或是创设适合司法实际的新型制度。当下，环境侵权公益与私益诉讼的融合更为符合环境侵害特征、公益私益兼顾保护以及提高效率的司法目的。

1. 建立诉的强制性合并制度

诉的合并意指将分别提起的两个或两个以上有某种联系的诉合并在一个诉讼程序进行审理和裁判的诉讼制度[1]，按照合并程序的启动方式的区别，诉的合并可以分为任意性合并以及强制性合并，前者当事人是否在同一诉讼中提出合并、法院是否采纳并进行合并审理，均可任意选择，而后者则具有强制性，依学界之通说，诉的强制性合并便是由法院根据法律规定的范围将两个相互关联的独立诉讼强制集中、合并审理。根据 2023 年修正的《民事诉讼法》第 55 条、第 143 条，两诉的诉讼标的一致或是同一种类的情况下，经过当事人同意的法院可以合并审理；在诉讼过程中原告增加诉讼请求，被告反诉、第三人提出与本案有关诉讼请求的，法院可以合并审理。可见，我国并未规定诉的强制性合并制度，现有的合并规则需要基于当事人的认可，诉讼主体、标的、案件事实以及诉讼请求都需要具备相当的关联性。环境侵权公益诉讼与私益诉讼源于同一环境侵害事实，两诉原告均为被侵权人，诉讼请求相互关联，具有合并审理的基础，而较之于任意性合并制度，强制性合并能够大幅降低诉讼成本、增加诉讼收益，同时减少矛盾判决的产生，因此有必要赋予法官进行强制合并的裁量权。有反对的声音，言之诉的强制合并制度将践踏民事法意思自治基础以及对诉讼程序的不尊重，但事实上，诉的强制合并能够更有效地保障私主体权益，避免其受损利益无法有效得到补偿的情况，与此同时，"搭便

---

〔1〕　参见张晋红：《民事诉讼合并管辖立法研究》，载《中国法学》2012 年第 2 期。

车"的做法可以有效减轻私主体的诉讼证明压力。

2. 诉讼实施权赋权

在环境侵权公益诉讼与私益诉讼融合的语境下，赋予法定社会组织以诉讼实施权，使其成为众多私益受害人的诉讼担当，是整合诉讼资源、保护私主体权益的有效途径。诉讼实施权意指为了现实性或者预备性保护本人或者他人的实体权益，具备诉的利益纠纷管理权的主体，以自己名义，通过民事诉讼主张民事权利义务关系或者特定法律事实的权能[1]。诉讼实施权需要具备以下构成要件，纠纷具有可诉性、权利主体对诉讼标的享有纠纷管理权、权利主体无须具备"自己的利益"[2]。我国民事诉讼法当中的诉讼代表人制度，便是诉讼实施权具体应用的表现，由于环境侵害往往影响广泛，在环境侵权公益诉讼与私益诉讼强制合并审理的情况下，将出现原告一方人数众多的情况，赋予相关社会组织诉讼实施权成为必要措施。获得诉讼实施权的社会组织将以自己的名义参加诉讼，而最终判决结果、利益处分直接及于被担当人；根据获得方式的不同，诉讼实施权又可分为法定的诉讼实施权以及任意的诉讼实施权，结合我国现状，公益诉讼属于前者，法律通常明文规定适格的担当主体，而私益诉讼则属于后者。对此，有学者提出，应当采用法定授权的方式，规定相关环保团体提起环境公益诉讼的同时，得受让一定数量私主体的诉讼实施权[3]。

3. 构建分阶审理程序

合并审理的环境侵权公益诉讼与私益诉讼，应当依照环境侵权公益诉讼规则进行审理，还是依照后者的规则？若无规范对程序进行明确、引导，则会导致程序混乱，庭审效率低下。对此，有学者提出，根据环境侵害机理，构建二阶分化的环境侵权诉讼审理程序，第一阶段审理"共通事

---

[1] 参见黄忠顺：《再论诉讼实施权的基本界定》，载《法学家》2018年第1期。

[2] 参见肖建国、黄忠顺：《诉讼实施权理论的基础性建构》，载《比较法研究》2011年第1期。

[3] 参见张旭东：《环境民事公私益诉讼并行审理的困境与出路》，载《中国法学》2018年第5期。

实"、第二阶段审理"损害认定"[1]。此类划分具有合理性，原因在于：一方面，环境侵权公益诉讼与私益诉讼的核心共通点便是环境侵害行为的同一性，在合并审理程序中将两诉当事人集中庭审可以更好地明确环境侵权事实，以防分诉时可能产生的在事实认定层面的矛盾以及减少司法机关大量重复调查、认定案件事实时消耗的司法资源；另一方面，同一环境侵害事实下的损害认定复杂、极易混淆，通过第二阶段集中审理的方式，便于法院确定被告需要赔偿的总金额，并依照"私益保护优先原则"合理分配责任承担方式，实现真正的"一举两得"。

---

[1] 参见张旭东：《环境民事公私益诉讼并行审理的困境与出路》，载《中国法学》2018 年第 5 期。

第二章

环境侵权责任的构成要件

环境侵权责任构成要件是认定环境侵权责任成立的核心，其认定直接影响当事人的责任承担，因此，环境侵权责任构成要件理应包含哪些构成要件以及该构成要件的内容涵义为何就显得尤为重要。环境侵权责任构成要件主要包括过错、污染行为或是生态破坏行为、损害以及因果关系四个，对其组成，学界提出了四要件说、三要件说与二要件说。四要件说主张环境侵权责任构成要件应当包括过错、污染或破坏生态行为、损害，以及行为与损害之间的因果关系；三要件说主张无须过错这一要件；二要件说则在三要件的基础上进一步去除因果关系这一构成要件。三种学说并不是完全对立的关系，也并非单纯只用对错优劣的评判就能一较高低，可以说，三者各有相应的适用范围，在其适用范围内都是最好的。对三种学说的灵活运用更有利于解决环境侵权的相关问题，也是具体问题具体分析这一方法论的具体应用。当前，我国环境侵权责任构成要件关涉规则的适用存在一定的局限性，对此，应当进一步优化归责原则，并完备关联性认定规则，以促进其发展。

一、环境侵权责任构成要件的学说争议

（一）四要件说

四要件说主张侵权人要承担环境侵权责任需要满足四个要件：一是过错，即侵权人对损害的发生具有主观上的故意或过失；二是侵权人实施了污染行为或破坏生态行为，如排放污水，排放废气等；三是有损害发生，

损害具体可分为财产损害、人身损害、生态环境损害三种类型，如造成他人鱼虾死亡的财产损害，造成他人患上某种疾病的人身损害，造成某地区生态失衡的生态环境损害；四是污染行为或破坏生态行为与损害之间存在因果关系，即该损害的发生是该行为部分或全部导致的，若毫无关联，则两者之间无因果关系存在。

那么应该如何来理解四要件说的主张呢？为什么会提出这四个要件呢？原因在于赞同四要件说的学者认为环境侵权与传统的民事侵权并无二致，故无须另外构建一种特别的构成要件体系，适用传统民事侵权的一般规则即可，即四要件。但该观点的问题在于，当前环境侵权纠纷所表现出来的特点与传统的民事侵权纠纷有很大的不同，例如损害事实，环境侵权的损害发生往往具有潜伏性、长期性、持续性、广泛性，[1]再如环境侵权私益诉讼中因果关系证明困难等，[2]这些特点都会导致环境侵权如再适用传统的民事侵权构成要件，就会造成原被告之间的利益天平发生倾斜，而不再能拥护好民法的基本原则，致使被侵权人的利益填补难以得到实现。因此，因果关系确定的困难性、潜伏性导致加害行为与损害产生的时间距离长等，使得通过特殊安排来塑造集体正义成为必要。[3]故再固守传统的四要件说在环境侵权领域就显得不那么适宜了，但并非四要件说在环境侵权领域就毫无作为，只是说作为通说适用于一般环境侵权纠纷是不合适的，毕竟在环境侵权纠纷当中，特别是常见的环境侵权私益诉讼领域，被侵权人与侵权人的力量对比往往不是一个量级的，这就导致在立法时应当考虑到原被告地位不平等的情况，而不是忽视社会现实一味追求双方形式上的平等，最终只会导致更大的正义缺失，故针对一般情况而言，应采用下文将要提到的三要件说为宜。那么四要件说可以适用在环境侵权纠纷的哪些领域呢？

----

〔1〕　参见梁勇、朱烨：《环境侵权惩罚性赔偿构成要件法律适用研究》，载《法律适用》2020年第23期。

〔2〕　参见蔡唱：《民法典时代环境侵权的法律适用研究》，载《法商研究》2020年第4期。

〔3〕　See Roger C. Cramton："Individualized Justice Mass Torts and Settlement Class Actions：An Introduction"，*Cornell Law Review*，Vol. 80，No. 4，1995，p. 811.

四要件说可用的领域，总结来说有两个：一是环境侵权的惩罚性赔偿；[1]二是声、光、电类等拟制性污染领域的环境侵权行为[2]。对于环境侵权的惩罚性赔偿而言，之所以适用涵盖过错责任的四要件说，是因为其"惩罚"的性质。惩罚性赔偿已经突破了民法上的"主体平等""同质补偿"两大原则，[3]民事责任的要义在于对受害人所遭受的实际损失进行"等额填补"，但惩罚性赔偿展现更多的是对侵权人的制裁及对潜在侵权人的威慑，在环境侵权领域则主要表现为对潜在的生态破坏及环境污染者进行的一种威慑，因为对环境侵权适用惩罚性赔偿本质上就是出于对人类生存环境的长远考虑，故其重在威慑潜在的破坏者及污染者。从这个意义上说，惩罚性赔偿更多地表现出公法的性质，是对共同体公共利益的维护，而非单纯的个人利益。由于惩罚性赔偿的承担者为私主体，而非一般意义上的政府，故在构成要件的要求上，要比政府承担公共利益时所需的构成要件严格得多，政府对公共利益的承担是无所谓过错与否，但在要求私主体承担共同体的公益时，应当考察其是否对公益的损害有过错，否则可能会为了威慑和制裁而不当加深对私主体的惩罚力度或扩大惩罚范围。当然，对环境侵权行为发生无过错的企业不能适用惩罚性赔偿，这样才能更好地保证无过错与有过错企业之间的公平性，防止企业因惩罚的不公平性而产生更多故意破坏生态、污染环境的行为。

声、光、电类等拟制性污染领域的环境侵权行为适用四要件说的原因与环境侵权惩罚性赔偿适用的原因有较大不同。环境侵权惩罚性赔偿是因其公益属性而导致对侵权主体进行归责时应考虑其是否存在过错，但对声、光、电类等拟制性污染领域的环境侵权行为的制裁仍属于对私益的保护，未踏足公益范畴，因为声、光、电等这类污染本身并未通过对环境介

---

[1] 参见梁勇、朱烨：《环境侵权惩罚性赔偿构成要件法律适用研究》，载《法律适用》2020 年第 23 期。

[2] 参见张宝：《环境侵权责任构成的适用争议及其消解——基于 4328 份裁判文书的实证分析》，载《湘潭大学学报（哲学社会科学版）》2018 年第 2 期。

[3] 参见关淑芳：《惩罚性赔偿制度研究》，中国人民公安大学出版社 2008 年版，第 55 页。

质的污染和破坏造成人身损害和财产损害，而是通过直接作用于人的方式产生的，这一点与一般环境侵权行为通过污染环境介质造成被侵权人损害的作用方式有所不同，故这类拟制性环境污染行为的作用方式与传统侵权行为的作用方式并无太大差异，所以，对于这类侵权行为应适用传统侵权行为的构成要件，即四要件说。具体而言，噪声、光、电、振动等，尽管也被称为污染，实际并不具有"排放行为—环境介质污染—人身、财产损害"的典型致害特征，而是与一般的侵权行为并无差异，环境介质仅仅是一种传输媒介，并非先要经历环境介质污染的过程，再对暴露于其中的人身、财产造成损害，因而本质上是一种"污染的拟制"，当事人之间平等性与互换性的根基并未发生动摇，无须实行特殊归责[1]。而需要经历环境介质污染的环境侵权行为，一方面造成了环境介质的污染，造成了生态环境损害，另一方面又通过环境介质污染间接对私主体的财产、人身造成了损害，是一种双重损害的行为，且损害的双方多为企业与公民之间，所以对于须经环境介质污染的环境侵权行为，在归责原则上应采取无过错责任原则；而对于声、光、电类等拟制性污染领域的环境侵权行为，不仅无双重损害的发生，且纠纷的双方主体地位上更加平等，因此适用过错责任原则，构成要件以四要件说为宜。

（二）三要件说

三要件说主张无须过错这一要件，即环境侵权责任的成立仅需满足侵权行为的发生、损害事实或损害危险的产生，及侵权行为与损害事实或损害危险之间具有初步的联系即可。很显然，其适用的是无过错责任原则，这一学说也是目前环境侵权纠纷领域的通说，在大部分的环境侵权案件中得以应用。

无过错责任原则起源于对工业事故的处理，学说上也有人称之为客观责任原则或危险责任原则，英美法系则称之为严格责任原则。之所以产生这一原则，一方面是因为在现代社会中，人们在从事某些活动时即使尽到

---

〔1〕　参见张宝：《环境侵权责任构成的适用争议及其消解——基于4328份裁判文书的实证分析》，载《湘潭大学学报（哲学社会科学版）》2018年第2期。

了高度注意义务也仍有可能对他人造成损害[1]。在环境侵权纠纷领域，不少案件的侵权人客观上做到了合法合规实施与排放，主观上也无恶意排放、随意排放污染物、实施破坏生态行为的故意或过失。但由于市场化经济体制下的工业化经济追求高效高收益，因此工业规模效应、聚集效应凸显，让原本相互分散排放污染物的企业集中在某个区域内，又因这些企业共享土地、水源、大气等基本要素，这就导致企业之间合理合规排放的污染物化合成某类更严重的有毒有害物质的几率大大增加了，且这一几率会随着经济集群效应越来越显著而愈来愈高。基于此，环境侵权的因果形式也逐渐从原来的一因一果向多因多果转变，若该类环境侵权案件继续使用传统的侵权责任构成要件，各方经营主体因对侵权结果的出现无过错而无需承担责任，那么显然违背了民法原则中的公平理念，损害发生了，却出现无人承担、无人填补的局面，而对于国家而言，承担私主体造成的不幸损害也是不合理的，因此对该种不幸损害的承担仍应由私主体来担责。这样，以实现公平为价值取向、以强调对损害进行补偿为目标的无过错责任原则就成了立法者的理想和理性的选择[2]。因此无过错责任原则不是对不法行为的制裁，[3]而是为弥补过错责任的不足而设立的制度，[4]是对因生产经营排污产生的风险进行合理的归责，对因风险产生的不幸损害进行的合理分配。

另一方面是人们通常认为，环境侵权不同于传统侵权的特质在于，其将传统的"人—人"的法律关系转变为"人—环境—人"的关系，由于生态系统所具有的整体性、交互性、复杂性等特征，使得环境侵权具有主体的不平等性和不特定性、侵害过程的间接性与复合性以及损害结果的持续性与潜伏性等特征，必须实行特殊的归责原则方可应对。[5]因此，环境侵

---

〔1〕 参见雷群安：《论无过错责任原则的理解与适用》，载《学术界》2009 年第 5 期。

〔2〕 参见雷群安：《论无过错责任原则的理解与适用》，载《学术界》2009 年第 5 期。

〔3〕 参见王泽鉴：《侵权行为法》（第一册），中国政法大学出版社 2001 年版，第 17 页。

〔4〕 参见张新宝：《中国侵权行为法》，中国社会科学出版社 1998 年版，第 64 页。

〔5〕 参见张宝：《环境侵权责任构成的适用争议及其消解——基于 4328 份裁判文书的实证分析》，载《湘潭大学学报（哲学社会科学版）》2018 年第 2 期。

权所表现出与以往传统侵权的诸多不同之处，成为环境侵权适用无过错责任原则（即三要件说）的重要因素。具体而言，以往传统侵权模式为人与人之间直接产生侵权关系，当然饲养动物致人损害，坠落物、遗撒物、堆放物等致人损害的侵权模式看似也存在介质的介入，但上述动物、物品等的所有权或使用权仍归属于私主体，进而产生的法律效果仍由私主体承担，且这些动物、物品与所有权或使用权之间是附属关系，这意味着人在当中仍起着主导作用。因此这类看似也存在中间过渡的侵权模式实质上仍未脱离"人—人"这种直接侵权模式。而环境侵权的侵权模式有很大的不同，在大部分的环境侵权案件中，环境侵权行为先通过排放污染物、实施破坏生态行为来污染环境、破坏生态，进而被污染的环境或被破坏的生态进一步影响生活在该区域或者能接触该区域的人们，从而导致人身损害、财产损害、生态损害的发生。尚有少部分名义上的环境侵权案件是直接通过"人—人"的直接模式实施的，如噪声污染、光污染、电辐射污染等，但这是由于学界并未对环境侵权案件类型进行深入的区分，导致将该类案件归纳为环境侵权案件，其实质上仍属于普通侵权案件，而非特殊的环境侵权纠纷。故实质意义上的环境侵权纠纷均是"人—环境—人"的侵权模式，这类模式是通过环境这一介质来完成侵权行为的。这类模式不同于饲养动物、遗撒物、堆放物等介质引发的侵权模式，因为：一方面，环境是公共的、共享的，环境要素的公益属性浓厚，与动物、遗撒物、堆放物等物的私有属性相对立；另一方面，环境也不具有附属性，环境有其独立的价值，也不属于人类的附属品，与人类是一种共生的关系，而饲养动物、遗撒物等在法律意义上是人类的财产，附属于人类，具有较强的附属性，故"人—环境—人"的侵权模式并非实质上的直接侵权模式，而是一种通过环境介质完成侵权行为的新型侵权模式。综上所述，环境侵权模式因其特有的特点与侵权模式，对其适用无过错责任原则进行归责是立法者的理性选择，也是维护法律公平价值理念的必然途径。

（三）二要件说

二要件说主张仅需证明侵权行为与损害事实两个构成要件即可要求侵

权人承担侵权责任，无须再考察侵权行为人的主观过错和侵权行为与损害事实之间的因果关系。对于环境侵权纠纷适用无过错责任原则，不再考察侵权行为人的主观过错的理由，上文已做了详细阐述，在此不再赘述，至于为何二要件说会否定因果关系这一要件，本节予以详细说明。无须因果关系这一要件的主张，产生的原因主要有两个，一个是法律上的原因，另一个是现实的原因，具体如下：

法律上的原因源于《侵权责任法》第 66 条的规定，因污染环境发生纠纷，污染者应当就行为与损害之间不存在因果关系承担举证责任。据此，有学者认为我国确立了环境侵权因果关系举证责任倒置的规则。[1]因果关系举证责任倒置即意味着对因果关系的证明责任由原来的被侵权人承担转变为由侵权人负责，由原来的被侵权人证成转化为侵权人证否。当然也有学者认为此规定并非确立了因果关系举证责任倒置的规则，而是因果关系推定，在侵权人无法证明不存在因果关系的前提下，推定侵权行为与损害事实之间存在因果关系。[2]还有学者认为被侵权人是有提出证明因果关系存在的主观证明责任的，第 66 条只是表明被侵权人不需要就因果关系证明承担举证不能的客观证明责任而已。[3]无论如何，该条规定引起了学界对环境侵权因果关系问题的深刻讨论，部分学者坚持该条规定消弭了被侵权人对因果关系的举证责任，即使是主观证明责任也不再承担，进而衍生出了二要件学说。

但从之后的司法实践来看，被侵权人不承担任何因果关系举证义务的举证责任倒置制度在多数场合下未得到严格适用。[4]故 2015 年《环境侵权责任的解释》对因果关系的举证责任增添了新的内容，需证明污染者排

---

〔1〕 参见施理:《环境侵权诉讼中因果关系推定的适用》，载《法律适用》2015 年第 3 期。

〔2〕 参见宋宗宇、王热:《环境侵权诉讼中的因果关系推定》，载《中国人口·资源与环境》2008 年第 5 期。

〔3〕 参见王社坤:《环境侵权因果关系举证责任分配研究——兼论〈侵权责任法〉第 66 条的理解与适用》，载《河北法学》2011 年第 2 期。

〔4〕 参见张宝:《环境侵权责任构成的适用争议及其消解——基于 4328 份裁判文书的实证分析》，载《湘潭大学学报（哲学社会科学版）》2018 年第 2 期。

放的污染物或者其次生污染物与损害之间具有关联性。由此可见，该条规定相当于实质上否定了二要件说，因为其明确要求被侵权人须对侵权行为与损害事实之间的关联性承担举证责任，虽然关联性不同于因果关系，其证明标准也要低于因果关系的证明标准，[1]但仍意味着过去认为被侵权人对因果关系成立无须承担任何举证责任的观点在法律制度上已经没有生存空间。其实对于规则变化的原因很好解释，主要有以下几个原因，一是对于被告而言，要求被告反向证明"因果关系不存在"同样难度很大；[2]二是被侵权人不承担任何因果关系的举证责任有引发滥诉的风险；三是不符合比例原则，虽然起初规定被侵权人不承担任何因果关系的举证责任是为了保护被侵权人的利益及维护生态环境平衡，但对于合法合规经营、未造成污染的企业仍要保护，不能仅因受害人受损失、所在地离企业生产经营所在地较近等次要因素的影响，就要求企业承担莫须有的侵权责任，对于该类企业而言，也未能平衡他们的利益，对受害人有过度保护之嫌，不符合比例原则。因此，二要件说有其固有的缺陷。

现实的原因源于被侵权人正面证成侵权行为与损害事实之间因果关系成立的难度极高。环境私益诉讼的难度主要表现在因果关系证明困难、个体受损差异大，使得赔偿金确定难度大、诉讼时间长、成本高。这些因素使得受害者欠缺运用法律途径来寻求损害救济的意愿。法律主体若不能积极主动地守护自己的权利，则法秩序的形成终究会落空[3]。正因如此，学界曾经强烈主张不再要求被侵权人对因果关系承担举证责任，希望通过从制度上降低被侵权人的举证责任来达到保护受害者利益的目的，这是主张二要件说的现实诱因。需要考虑的是：当时提出这一主张的社会背景是环境监测制度、环境影响评价制度等还不完善；环境监测技术、修复技术、因果关系技术鉴定还不成熟；以及未建立环境侵权公益诉讼制度，未

---

[1] 参见吕忠梅：《环境侵权诉讼证明标准初探》，载《政法论坛》2003年第5期。

[2] 参见薄晓波：《论环境侵权诉讼因果关系证明中的"初步证据"》，载《吉首大学学报（社会科学版）》2015年第5期。

[3] 参见薛军：《为夏洛克辩护的法学家》，载《读书》2015年第4期。

赋予检察院、环保组织提起环境侵权公益诉讼的权利。这些因素导致真正的环境侵权受害者得不到合理的补偿,维权困难,致使环境法学界基于当时的社会背景,为维系价值平衡,主张二要件说。但随着技术进步,中国特色社会主义法律制度的完善,以上情况都得到了较好的解决,被侵权人的弱势地位得到一定程度的缓解,故二要件说的现实基础也在慢慢被消磨。二要件说也并非没有可取之处,三要件说吸取了二要件学说的理论成果,即对于侵权行为与损害事实之间的联系不适用因果关系来阐明,而是创设了新的法律表达—关联性(这也是考虑到被侵权人的弱势地位有所缓解,但仍存在与侵权人力量对比较为悬殊的问题)[1]。据此,两者适用的证明标准也有所不同,因果关系适用民事诉讼法上一般的证明标准,即高度盖然性标准,"关联性"规则则适用低度盖然性标准。[2]二要件说虽慢慢被三要件说取代,但其可取之处仍值得借鉴。

二、环境侵权责任构成要件要素

环境侵权责任构成要件要素一般包括过错、污染行为或是生态破坏行为、损害以及因果关系,对每个要件要素内涵的明确,是展开环境侵权责任构成要件要素选择以及适用的前提。

(一)过错

一般环境侵权责任中的过错要件要素主要指侵权人主观上存在过失,故意的情形较少。过错和风险构成了现代侵权法归责的基础,过错是传统侵权的根本归责事由,风险或危险则是现代风险社会条件下无过错归责的主要依据[3]。针对环境侵权责任归责的主观要件,毫无疑问,无过错已成为通说。正因为无过错已成为环境侵权责任的通说,所以部分学者想当

---

〔1〕 参见薄晓波:《论环境侵权诉讼因果关系证明中的"初步证据"》,载《吉首大学学报(社会科学版)》2015年第5期。

〔2〕 参见赖玉中、江传辉:《环境侵权诉讼"关联性"规则的司法适用研究》,载《证据科学》2022年第6期。

〔3〕 参见胡卫:《过错优先:环境污染侵权中行为人过错的功能分析》,载《政法论丛》2019年第6期。

然地认为对该领域的过错要件无须再进行探讨，毕竟有无过错都应承担侵权责任，看似正确，实则不然。虽说有无过错，侵权人的污染行为、破坏生态行为在造成了人身损害、财产损害或生态损害的情形下都必须承担责任，但该责任的大小并非就是当然地承担百分之百的责任，而承担的比例分配跟侵权人的主观因素有较大的关联。特别是在共同侵权的情形下，对主观意志为恶意的侵权人应当判决承担更重的责任比例，而对主观意志为过失的侵权人则按其侵权行为在损害结果中发挥的作用酌情承担相应的比例，或者在恶意侵权人承担更多比例之后减轻一定的比例。这是为避免恶意与过失承担相同责任的情形发生，确保公平原则在适用无过错责任的侵权领域也得到贯彻。不过在环境侵权领域，侵权人主观上主要为过失，恶意为之或者说故意污染、破坏的情形较少，这是因为环境侵权的主要行为人为单位，而单位中又主要是企业在实施环境侵权行为，那么对于企业来说，其主观目的并不是污染环境、破坏生态，大部分是为了实现企业更快生产经营、降低成本、脱离监管等目的而附带造成了环境污染、生态破坏的事实，从而导致了他人人身损害、财产损害以及生态损害。因此，无论是环境污染，还是其他危险事故损害，大多是过失造成的，甚至可能是特定生产经营活动所固有的。[1]所以在一般的环境侵权案件中，因行为人主观上是过失，其责任的承担上采用的仍是填补原则，即仅需填补因过失造成的损害，而无需承担额外的责任，因此对该侵权人一般也不适用惩罚性赔偿，因惩罚性赔偿的主观要件须为故意。

　　一般环境侵权责任承担的主观过错既包括过失，也包括故意，但请求环境侵权惩罚性赔偿时，对侵权人主观过错的考察应当仅限故意。根据《民法典》第 1232 条的规定，惩罚性赔偿要求侵权人主观上具有过错，且这种过错限定为故意。[2]之所以限定为故意，这与惩罚性赔偿的功能定位是分不开的，惩罚性赔偿所起的作用不再是填补，而是转变为制裁与威

---

[1]　参见王利明等：《中国侵权责任法教程》，人民法院出版社 2010 年版，第 165 页。

[2]　参见梁勇、朱烨：《环境侵权惩罚性赔偿构成要件法律适用研究》，载《法律适用》2020 年第 23 期。

慑，在一定程度上体现出公法的性质，与民法传统上对于损害仅是进行填平的理念大有不同。而由于该惩罚性赔偿仍然是发生在私法主体之间，并非公民与政府之间，所以其仍被规定在《民法典》中，适用《民事诉讼法》的程序规则。但由于惩罚性赔偿与一般民法规则的功能不同，所以在环境侵权领域，对发生在该领域的惩罚性赔偿应适用更严格的要件，毕竟其超出了民法的填补原则范围，更多的是为了维护公共利益的需要，让一个私法主体享有公共利益理应施加更加严格的构成要件，否则就会导致滥用。因此，在主张惩罚性赔偿的环境侵权纠纷案件中，对于损害填补的裁判，仍是适用无过错责任的构成要件，而对于惩罚性赔偿的认定，则应适用过错责任的构成要件。

（二）污染行为或者破坏生态行为

环境危害性通常会被认为是污染行为的本质特征，但并非如此，仔细考量，污染行为所体现的反社会性才是其本质特征所在。原因有二：其一，从目的论解释来说，保护环境的最终目的是人类的生存和发展，因此污染行为对环境的危害实质上最终体现在对人类社会的危害，故反社会性是污染行为的最终表现。其二，把一个行为评判为污染行为的前提是排放污染物，而大部分污染物与非污染物本质上并无差别，如固体废物中的塑料，水体污染物中的氮、磷，气体污染物中的二氧化碳，其他污染物中的振动、电辐射等，这些物质本身是中立的，并不天然具有危害性，但污染物与非污染物作为一对矛盾体，其间必有界限之分，那么该界限是环境危害性还是反社会性呢？从环境侵权诉讼的制度设计来看，企业并不能以合规排放而免除责任，合规排放的物质与非合规排放的物质造成他人侵权的，均应承担民事侵权责任，只是责任大小有所区别，并且根据前述所提的关联性规则，承担侵权责任的前提是认定企业排放的物质为污染物，若为非污染物，则无须讨论侵权责任的问题，继而可推定，企业合规排放的物质造成他人侵权的，应认定为污染物，在未造成他人侵权的状态下，则为非污染物。若以环境危害性为污染物的本质特征，则无法解释企业合规排放的未造成他人侵权的物质与造成他人侵权的物质之间的差异性，因为从环境危害性来说，两者均具有环境危害产生的可能性，但因是否实际造成侵权后果的不同，法律分别给予了一方"污染物"的价值否定，及另一方"非污染物"的价值肯定，两者相反的价值评价与两者均具有环境危害性的共性产生了矛盾，以此为标准将导致两者的概念模糊不清，不利于法律的适用。以反社会性作为判断标准则有所不同，在未发生侵权后果之前，两者均具有合社会性，为社会所认可，此时两者均为非污染物的性质；在一方侵权后果发生之后，未造成侵权后果的物质仍因其自身的合社会性获得良好的价值判断，而造成侵权后果的物质则以反社会性被予以否定评价，符合环境侵权诉讼制度设计对两者前后的价值评判，因此反社会性作为污染物的本质特征更具有合理性，进而致使反社会性作为污染行为的本质特征也更加合理。

破坏生态行为的本质属性亦是反社会性。丁仲礼院士曾言，地球不需要拯救，需要拯救的是人类自己。虽破坏生态行为更具有自然属性的一面，但归根结底，进行生态文明建设，是人类社会的自我拯救。[1]因此，维护生物多样性、保护生态的终极目的仍是回归人类社会，保持生态平衡是人类社会进行自我救赎的方式之一，新司法解释将破坏生态行为纳入环境侵权诉讼的范围更是凸显了这一价值理念。

反社会性亦是鉴别是否为破坏生态行为的判断标准。人类社会的行为在一定程度上都直接或间接地影响着生态环境，那么达到何种程度才可称之为"破坏生态行为"，何种为人类社会所容忍，在环境侵权纠纷解决的制度中虽有体现但尚未明确，因此仍需诉诸反社会性这一本质属性。反社会性在"破坏生态行为"的评判标准中并不是一成不变的，是动态调整的，因为随着经济的发展，社会对破坏生态行为的容忍度日益降低，反社会性的界线也日益下降，以往诸如工厂选址不当导致当地生态发生变化的行为在当今环境公益诉讼的体制下也应受到苛责。同时，不同类型的破坏生态行为应适用不同的反社会性标准。有学者认为破坏生态行为是向环境

---

〔1〕　参见陈岱云、李龙：《生态文明建设是人类社会的自我拯救》，载《山东社会科学》2014年第2期。

过度索取物质和能量，不合理地使用自然环境，使环境要素的数量减少、质量降低，以致生态失衡、资源枯竭而危及人类和其他生物生存与发展的行为〔1〕。将其具体到环境侵权案件中，生态破坏行为即可表现为以下两种形式：一是作为型破坏，如毁坏林木、开矿导致土地沉降，围湖造田、私自采砂导致海岸河岸侵蚀等；二是不作为型破坏，如选址不当导致当地气候发生改变，建筑物过高破坏鸟类迁徙路线等。因作为型破坏与不作为型破坏的危害程度并不相同，故二者所反映的反社会性大小也不一样，对此应有所区别，作为型破坏生态行为的反社会性标准应当低于不作为型破坏生态行为的反社会性标准。

（三）损害

何为环境侵权中的损害？环境侵权中的损害应为环境侵权行为对人或自然造成的人身损害、财产损害及生态环境损害。环境侵权所致的人身损害是指对生命权和健康权的损害，〔2〕如日本的水俣病事件。财产损害主要包括对他人物权、知识产权、股权等具有财产性质的权益的损害，〔3〕那么环境侵权所致的财产损害则主要是对他人物权的损害，如排放污染物导致他人鱼塘的鱼虾死亡。生态环境损害与上述两种损害不同的是，其更具自然属性的特点，偏向对生态平衡的侵害，2017年12月中共中央办公厅、国务院办公厅印发的《生态环境损害赔偿制度改革方案》明确了生态环境损害是指因污染环境、破坏生态造成大气、地表水、地下水、土壤等环境要素和植物、动物、微生物等生物要素的不利改变，以及上述要素构成的生态系统功能退化，〔4〕前述中人身损害、财产损害的认定在法律规则及司法实践中已较为完善，但生态环境损害的认定规则与实践起步较晚，现阶段需依赖大量司法鉴定的结论来作为认定生态环境损害的标准，这就会造

---

〔1〕 参见窦海阳：《环境侵权类型的重构》，载《中国法学》2017年第4期。

〔2〕 参见李恒：《环境污染人身损害鉴定制度：美日经验及启示》，载《学习与实践》2016年第6期。

〔3〕 参见陈小君：《财产权侵权赔偿责任规范解析》，载《法商研究》2010年第6期。

〔4〕 参见南景毓：《生态环境损害：从科学概念到法律概念》，载《河北法学》2018年第11期。

成在该地点该时间的场景下一旦因技术的原因无法认定为生态环境损害，就会导致被侵权人的败诉，从而致使潜在的重大污染事件得不到制止和处理。

生态环境损害的边界亦值得讨论，对于一个地域的气候而言，即使是厂房的建设，都会造成该地域气候的变化，如原来的平地变为建筑物，将改变该地区的地形差异，从而改变空气的对流方向，进而造成气候的局部变化，那么此类行为对当地生态环境的改动是否属于生态环境损害呢？是否需要达到严重程度？严重程度的标准又是如何？生态环境的保护是为了人类社会更好地延续和发展，同时促进经济的繁荣也是为了同一目的，因此边界问题即生态环境保护与经济发展的利益衡平问题。据此，应当以当前社会所需的经济发展的尺度为界线来衡量生态环境的边界，若该环境变动在当前社会所需的经济发展的尺度之下，则尚且认定为未达到严重的程度，便认为此时对经济的保护应大于对环境的保护，换言之，即对经济的保护收益大于对环境保护的收益，则应"偏袒"发展经济的一方，否则应偏重环境保护的一方。

（四）因果关系

环境侵权诉讼中的因果关系是指侵权行为与损害事实之间具有确定的引起与被引起的关系。引起某一现象产生的现象叫原因，而被某些现象所引起的现象叫结果[1]。客观现象之间的这种引起和被引起的关系，就是各种事物的因果关系。[2]在环境侵权诉讼中，法律因果关系即指在涉及法律争诉的法律关系中侵权行为与损害后果之间的具体关联情况；事实因果关系则指从纯粹的客观科学规律和事实的角度出发，观察和分析侵权人的侵权行为与被侵权人受到损害结果之间的内在的客观联系[3]。一般认为，在司法实践中判断因果关系的程序是，先判断事实因果关系是否存在；如

---

〔1〕 参见包冰锋：《实体与程序之调和：证明妨碍的客观要件探究》，载《证据科学》2013年第6期。

〔2〕 参见杨立新：《侵权责任法》，法律出版社2011年版，第76页。

〔3〕 参见刘鑫：《医疗损害鉴定之因果关系研究》，载《证据科学》2013年第3期。

果不存在，显然侵权责任就不构成，原告的诉讼应该被驳回。如果事实因果关系存在，则应当进一步判断法律因果关系是否存在[1]。由此可见，在环境侵权诉讼中，应在判断侵权行为与损害结果之间具有客观联系的基础上进一步考察两者是否具有法律上的因果关系，而这种客观联系指向的便是侵权行为与损害事实之间那种确定的而非随意的、客观的而非主观的、中立的而非附着价值判断的联系。因此，环境侵权诉讼中的因果关系在关联程度上，是确定性比较强的、具有可重复性的联系，这一点与环境侵权诉讼中的关联性不同。

环境侵权诉讼关联性规则所要求的关联性是指侵权行为与损害事实或损害危险之间具有因果关系的可能性。最高人民法院《关于全面加强环境资源审判工作　为推进生态文明建设提供有力司法保障的意见》（已被修改，以下简称《意见》）中第8条较为明确地指出被侵权人的证明目标是侵权行为与损害后果之间因果关系的"可能性"而非确定性[2]。因此从法律层面上来说，对关联性的证明，首先并不需要具有事实因果关系所要求的客观联系，因为其本身需要证明的是一种可能性，而客观联系是一种必然的、确定的联系，与可能性相互矛盾，故在关联性的证明中，该规定突破了司法实践中的一般做法，不再过分要求关联性具有客观联系。实际上，关联性规则正如部分学者将环境侵权诉讼中的因果关系举证责任倒置规则理解为因果关系推定规则一样，是在一般人不断提升自我的证明手段和证明工具仍无法有力对抗侵权行为人的情况下，所采取的有限能力的制度保障性措施，是一种无奈的法律技术或制度选择。因此，关联性规则附带的价值判断居多，利益平衡的需求更深，从其设立之初，便着眼于对侵权行为与损害后果之间因果关系存在可能性的证立，而非确定性的要求，是对当下相对于侵权人，被侵权人举证能力有限的现实情况进行深度考察之后，所实施的一种保障被侵权人利益的制度措施。之所以不直接规定其

〔1〕 参见刘鑫：《医疗损害鉴定之因果关系研究》，载《证据科学》2013年第3期。

〔2〕 参见薄晓波：《论环境侵权诉讼因果关系证明中的"初步证据"》，载《吉首大学学报（社会科学版）》2015年第5期。

为因果关系的可能性，而称之为关联性，则是为了在法律层面更好地区分两者，避免司法工作者在司法实践中无法把握可能性与确定性之间的界限，容易导致关联性与因果关系的混淆。但事与愿违，在环境侵权纠纷领域的审判工作中，该类现象并未减少，可见明确认识到关联性仅为事物之间的关联，而非确定对司法实践的指导意义有多重大。

被侵权人仅需对侵权行为与损害事实之间可能存在因果关系提供"初步证据"，即证明侵权行为与损害事实之间存在"关联性"。根据《民法典》第 1230 条之规定，可以得出现行对环境侵权案件因果关系的认定采用的是因果关系推定的方法，即原告完成了基础侵权事实（如排污行为、破坏生态行为、损害事实等）的证明之后，就推定因果关系成立，即因果关系的证否责任转至被告，由被告举证证明因果关系不存在，否则就推定侵权行为与损害事实之间存在因果关系。由于《环境侵权责任的解释》（已废止）规定原告对侵权行为与损害事实之间负担的是关联性举证责任，而非因果关系举证责任，故此处所称的因果关系是指被侵权人对侵权行为与损害事实之间可能存在因果关系提供"初步证据"，这一点在最高人民法院发布的《意见》中予以明确。具体而言，在被侵权人完成了侵权行为与损害事实之间的因果关系存在可能性的举证责任时，即可推定侵权行为与损害事实之间存在因果关系。也就是说，对于侵权行为与损害事实之间的因果关系，被侵权人不再需要达到高度盖然性的证明标准，仅需证明两者之间存在可能性即可，相较因果关系的证明标准降低了许多，故此处所指的因果关系是低于一般证明标准的"因果关系"，在法律规定上称之为"关联性"。

但遗憾的是，环境侵权诉讼中的"关联性"规则在适用时出现了两大问题：

1. "关联性"规则适用的模糊性

"关联性"的含义不清。"关联性"是我国环境司法实践所创设的专门表达。[1]《环境侵权责任的解释》（已废止）第 6 条确立"关联性"规则

---

〔1〕　参见薄晓波：《论环境侵权诉讼因果关系证明中的"初步证据"》，载《吉首大学学报（社会科学版）》2015 年第 5 期。

以来，一直未对"关联性"一词的含义进行相关解释，致使实务中对"关联性"的内涵把握不准，适用混乱。虽然《民法典》第 1026 条第 4 项亦有"关联性"一词，但仅是涉及名誉权严重失实内容合理核实义务的认定因素，对环境侵权诉讼中涉及的"关联性"规则并无借鉴意义。理论界也积极探索"关联性"的内涵所在，但毕竟仍属于学理解释，并无法律上的约束力，为此在具体的司法实践中，法官对"关联性"一词理解颇丰。如郑传琼诉贵州中交福和高速公路发展有限公司侵权责任纠纷一案中，法官将破坏生态行为与损害之间的"关联性"解释为原因力；[1] 在曲明新诉鞍钢绿色资源科技有限公司鲅鱼圈区分公司财产损害赔偿纠纷一案中，法官认为"关联性"系对排污行为与损害之间因果关系的初步证明；[2] 在阳凤姣诉中交路桥建设有限公司水污染责任纠纷一案中，二审法官认为"关联性"系行为和损害之间的外在关联。[3] 同时，"关联性"一词语义上也具有模糊性，何为关联，是马克思主义关于事物之间的普遍联系称之为关联，还是两个特定事物之间的相关性？该联系是否需要达到一定的程度，若需要的话，该程度界分又在哪里，何种程度才算具有"关联性"？以上问题不仅法律上未予以明确，就单纯地进行名词解释时对此也有疑义。由此可见，"关联性"自身语义的模糊与丰富的内涵造成"关联性"证明规则适用的分化，在具体案件中，被侵权人能否完成"关联性"的举证责任很大程度上取决于法官对"关联性"一词的语义把握。

"关联性"与"因果关系"不分。学界尝试对"关联性"进行解释，且明确主张与因果关系相分离，不可将两者混同适用，这与立法逻辑是一致的，倘若"关联性"等同于"因果关系"，则会使因果关系证明责任倒置规则处于虚置地位，因为在诉讼中被侵权人对"关联性"证明的举证责任在先，因此学界认为两者的内涵是有区别的。但在司法实践中，"关联性"与"因果关系"被混在一起进行法律适用的情况屡见不鲜。如在杨方

〔1〕 参见贵州遵义市中级人民法院（2021）黔 03 民终 4007 号民事判决书。
〔2〕 参见辽宁省营口市中级人民法院（2021）辽 08 民终 2269 号民事判决书。
〔3〕 参见湖南省娄底市中级人民法院（2021）湘 13 民终 619 号民事判决书。

诉大连高新区爱舞流行舞蹈俱乐部噪声污染责任纠纷一案中，[1]一审法院认为原告需证明环境噪声污染的损害事实及污染噪声环境的行为与损害事实之间的因果关系，这很明显是将"关联性"视为"因果关系"来进行规则适用，二审法院未提及因果关系的问题；在曾庆志诉湖北钟祥牧原养殖有限公司水污染责任纠纷一案中，[2]二审法院亦将"关联性"与"因果关系"等同。类似的案件并不少见，在孙佑海教授与孙淑芬学者对司法审判中环境"关联性"规则问题的梳理中也发现了法官将"关联性"与"因果关系"等同视之的问题。[3]因此，在目前的环境司法审判中，"关联性"与"因果关系"的混淆是个相对较为严重的问题，但该问题的产生并不归咎于司法队伍的素质建设，主因仍是前述所说的"关联性"的语义模糊，因其模糊性所衍生出的第二大问题，两个问题的结合导致环境侵权诉讼领域关于"关联性"规则的适用模糊不清，主观性较强。

2. "关联性"规则内容的笼统性

从"关联性"规则的前后两类要素——污染物、次生污染物、破坏生态行为与损害来看，"关联性"内容丰富。如污染物、次生污染物与人身损害之间的"关联性"相较破坏生态行为与人身损害之间的"关联性"体现得更为直接，关涉的因素以及范围更小，破坏生态行为更多是通过对区域生态的影响，进而对人体造成损害，范围广且间接；又如破坏生态行为与财产损害的"关联性"和破坏生态行为与生态环境损害的"关联性"相比，前者偏向于对私益的考量，后者则注重公共利益的权衡，因此对前者而言，"关联性"的含义更突出的特征是个别，因不同的案件而有所不同，而对后者来说，其含义更具有一般特征，法官更易于用常识进行判断。"关联性"丰富的含义背景下却没有更细化的规则进行适用，便会导致法官在原告是否完成"关联性"证明责任处于模棱两可的状态时将只能顺从

---

〔1〕　参见辽宁省大连市中级人民法院（2021）辽 02 民终 2252 号民事判决书。

〔2〕　参见湖北省荆门市中级人民法院（2021）鄂 08 民终 477 号民事判决书。

〔3〕　参见孙佑海、孙淑芬：《环境诉讼"关联性"证明规则实施阻碍和对策研究》，载《环境保护》2018 年第 23 期。

于自己的内心，但因为不同的法官拥有不同的人格，从而可能造成同样的案件发生差异较大的判决，进而致使司法裁判的形式正义得不到实现。

在"关联性"规则内容丰富的前提下，缺乏具体性的规则要件。虽然最高人民法院发布的《意见》最初将"关联性"定义为"污染行为和损害之间可能存在因果关系的初步证据"，但仅仅是在性质上为"关联性"规则提供了一定的参考标准，并未在"量"上给予具体的规定，且在性质上的表述也含混不清，用因果关系来解释"关联性"难免导致法官掉入因果关系与"关联性"不分的陷阱之中，毋宁说在"量"上完全没有考虑。对该"量"的阐释并非"关联性"性质的简单分解，而是达到"关联性"证明标准的具体规则要件，2015年《环境侵权责任的解释》第6条的规定并没有具体阐明该规则的具体要件，这就使得被侵权人在进行证据收集时无法衡量所收集的证据是否达到了"关联性"的证明标准，也让法官难以判断，致使法官不得不依赖司法鉴定的结果或者自身的内心确信，一旦这两者都没有确定的结果，法官便犹豫不决，但又必须进行裁判，便会导致不仅真正的被侵权人权益得不到保护，法院的公信力也相应减损。因此，对"关联性"规则内容的细化明确，是正确适用"关联性"规则的前提，否则"关联性"规则被虚置将是必然结果。

故在司法实践中，因"因果关系"适用的混乱问题，仍需要对"因果关系"的认定规则进行进一步的完善，并非只对规则的调整，在规则完备准确的情况下，也需对规则的理解适用进一步加深。

三、完善环境侵权责任的构成要件

要解决上述存在的问题，需对环境侵权责任构成要件进行进一步的完善，主要应从优化归责原则、完备"关联性"认定规则入手。优化归责原则有利于总体上为环境侵权责任的判定提供一个更为准确的宏观把握，往正确的方向引导；完备"关联性"认定规则有利于更好地帮助法官对被侵权方"关联性"证成与否的判断，从而做出更为合理准确的判决，可避免对侵权方的过度苛责，在某些方面更好地做到利益平衡。

（一）优化归责原则

单一的无过错责任原则无法合理平衡侵权案件双方当事人的利益。当前的环境侵权领域只注重无过错责任归责原则的运用，并未重视其他归责原则在环境侵权领域的作用，导致在司法实践中出现但凡与环境侵权沾边的案件，就几乎一味地适用无过错责任原则，殊不知这是不合理的。前文提到的声、光、电等这类拟制性的环境污染领域的案件，它们并非真正意义上的环境侵权案件。虽说该类案件从形式和内容上看，确实也发生在人的生活环境当中，属于环境侵权发生地域的一类，内容上也客观地影响了人类的生活环境，一定程度上也影响了当地的生态，但是，其作用方式却与以往的环境侵权案件有很大不同：一般来说，传统的环境侵权类案件是侵权行为通过污染环境介质，被污染的环境介质再污染人体健康、财产或生态这样的一种方式进行的；而声、光、电等拟制类环境侵权领域的案件并非如此，其作用方式并不需要通过环境介质，即不需要对媒介污染达到造成人身损害、财产损害、生态损害的"目的"，其如一般意义的侵权案件一样是侵权行为直接作用在被侵权人本身，例如噪声污染案件，是侵权人造成的过大的噪声直接侵害了被侵权人的人身，并非间接性的。因此，如果在这一领域依然适用无过错责任原则，就会导致侵权人承担过重的侵权责任及证明责任，因为在环境侵权案件的无过错责任原则还强调无须侵权人的行为具有违法性，即不违法也应承担侵权责任，那对于所举的噪声案件来说，只要被侵权人认为他人发出的声音超过了被侵权人的忍受程度，那么就可以提起诉讼并获得赔偿，这显然是违背常理的。据此，单一适用无过错责任原则并不能完全解决环境侵权领域的所有问题。

破除以往单一注重无过错责任原则的局面，形成以无过错责任原则为主、过错责任原则为辅的适用新形态。在仍以无过错责任原则为环境侵权案件主要归责原则的情况下，辅以过错责任原则以解决部分案件适用无过错责任原则导致双方当事人利益不平衡的问题；其实该问题本可以避免，但由于司法实践中把声、光、电等拟制类环境领域的直接侵权案件也归类为环境侵权领域纠纷，故本着理论指导实践的原则，补充过错责任原则辅以解决该矛盾。即在一般环境侵权领域纠纷中，仍适用无过错责任原则，侵权人仅需证明侵权行为、损害后果以及侵权行为与损害后果之间的"关联性"即可；在声、光、电等特殊的环境侵权领域，即适用过错责任原则，在证明侵权行为、损害后果以及侵权行为与损害后果之间的"关联性"之后，还需证明侵权人主观上确实存在故意或过失，导致了被侵权人损害的发生。在适用这一归责原则形态之后，较之以往单一的归责原则而言，可以方便解决特殊环境侵权领域的证明责任分配不均的问题，也能帮助司法工作者更好地认知环境侵权领域之所以适用无过错责任原则的意义及理论依据，正是基于一般环境侵权案件存在污染媒介的问题，所以导致污染链条复杂，难以证明，方才适用无过错责任原则，便宜被侵权方的权利保护，但声、光、电等之类的特殊环境侵权领域，因为是直接作用的侵权方式，所以并不存在污染媒介的问题，一般的环境侵权案件遇到的难以证明的问题在这里尚未出现，故适用无过错责任原则明显让法律的天平倾斜于被侵权方。因此，这样的原则形态不仅让"维护权利和保护生态环境"这一立法目的得到更好的实现，也让司法实践更能准确合理地适用无过错责任原则。

（二）完备"关联性"认定规则

国内学者基于科技水平和社会共识的认知程度，将"关联性"划分为"常识型""科学确定型""科学不确定型"三种形态。对该三类"关联性"的含义，国内学者又做了进一步的解释："常识型关联性"只需经由社会生活经验的常识常理常情即可对环境污染和损害结果的关联做出判断；"科学确定型关联性"需要借由有专门知识的主体对环境污染和损害间的关联做出判断；"科学不确定型关联性"在现有的科学技术无法对环境污染和损害结果间的关联做出哪怕仅仅是可能性程度的判断。[1]

依据"常识型""科学确定型""科学不确定型"对"关联性"分类不全面。粗略看来，上述解释似乎较为全面，但那是因为我国将科学和技

---

〔1〕 参见田亦尧、刘英：《环境侵权诉讼中关联性的证明责任》，载《法律适用》2019年第24期。

术混为一谈，〔1〕因此会习惯性地将科学技术并列使用，倘若只是将科学技术用于阐述其作用和意义，将其一笔带过、并列使用便也无关紧要，但前述学者是对"关联性"规则进行精确分类并进行相应的规则分析，并列使用会导致分类不明确、不完整，反而不利于规则的细化适用，因此应当予以区分，将"关联性"规则划分为四类："常识型关联性""科学技术确定型关联性""技术不确定型关联性""科学不确定型关联性"。科学与技术是两个互相独立的领域。〔2〕科学是以认识客观规律为目的，侧重的是认识活动，就环境侵权纠纷中的"关联性"而言，科学的目的是在理论上能较为明确地认识到污染物、次生污染物、破坏生态行为与损害之间的"关联性"，并不涉及实际的操作问题；而技术则是以实践为目的，并不强调理论认知，强调的是实践生活中能否做到的问题，如司法鉴定。虽然技术发展到现代也以一定的科学理论为指导，但仍侧重的是做到与否，如环境侵权因果关系司法鉴定是要解决能否证明因果关系存在的问题，而不是认识因果关系的问题。

应将"关联性"分为"常识型""科学技术确定型""技术不确定型""科学不确定型"四种类型。如此区分主要是为解决科学上能认识到"关联性"存在但因技术的不成熟而导致技术上证明不了"关联性"存在，以及科学上尚未认识到"关联性"的存在但在技术中因经验的累积或者个人经验的优越已经证明了"关联性"存在这两个问题的规则适用，显然简单地分为"科学确定型关联性"与"科学不确定型关联性"是无法涵盖上述两个问题的。

对上述四种"关联性"类型的具体解释如下："常识型关联性"只需经由一般大众经验中的常识常理常情即可对环境污染和损害结果的关联做出判断；"科学技术确定型关联性"是专业人员在科学理论以及技术实践

---

〔1〕　参见朱高峰：《论科学与技术的区别——建立创新型国家中的一个重要问题》，载《高等工程教育研究》2010年第2期。

〔2〕　参见朱高峰：《论科学与技术的区别——建立创新型国家中的一个重要问题》，载《高等工程教育研究》2010年第2期。

层面皆可对环境污染和损害结果做出判断的关联性；"技术不确定型关联性"是专业人员在科学理论上已经能认知但因技术不成熟等技术受限的原因导致实践中无法对环境污染与损害结果做出判断的关联性；"科学不确定型关联性"是专业人员在科学理论上不能认识但在技术中已经做到对环境污染和损害结果做出判断的关联性。具体适用如下：

1. "常识型关联性"

"常识型关联性"是依靠一般人的常识常情常感来判断证成与否的"关联性"，但其不适用低度盖然性的证明标准，也无须依靠完成该低度盖然性证明标准的构成要件来证明"关联性"成立。因为如果被侵权人完成对侵权行为及损害结果的证明，根据常识判断，"关联性"的存在是不证自明的。[1]正因为其是仅需依靠一般人常识常情常感就能判断的"关联性"，便无须另外要求被侵权人承担额外的证明负担，否则不仅不公正，还显得荒谬。

2. "科学技术确定型关联性"

"科学技术确定型关联性"是科学和技术上皆能确定环境侵权行为与损害结果存在联系的"关联性"。其因为不仅在科学上能认知，在技术上也能认知的特点，导致在司法实践中，原告对于该类"关联性"的证明主要依赖于司法鉴定，法官对于该类"关联性"的认定也主要依赖鉴定意见，原因在于环境侵权具有长期性、潜伏性、复杂性、广泛性和科技性等特点，[2]致使在这类"关联性"中无论是法官还是当事人都依赖专业主体对该"关联性"的判定，因为客观事实上根据现有情况其是可以判定的，故法官为了确保判决的准确，被侵权人为了利益追求，从理想意愿来说都愿意交由专业主体进行判断。但事实上，环境侵权司法鉴定费用昂贵，导致大部分被侵权人无法负担，或者即使可以负担，也因在成本收益的计算下获利甚微而选择放弃，故应当逐步放弃现行做法，开创新的司法理念。

---

〔1〕 参见陈伟：《环境侵权因果关系类型化视角下的举证责任》，载《法学研究》2017 年第 5 期。

〔2〕 参见施程：《环境侵权诉讼中因果关系推定的适用》，载《法律适用》2015 年第 3 期。

由于"科学技术确定型关联性"其本身在科学与技术上就是能认知的，故不应强求被侵权人一定要依靠司法鉴定才能完成对"关联性"的举证责任，而是满足前述所说的低度盖然性证明标准的两个构成要件证明即应当判定被侵权人完成了举证责任，进而将主观证明责任转移到侵权方。在司法实践中具体做法为法院可以主动收集"科学技术确定型关联性"的种类与类案，对于符合种类或类案的案件，法院在当事人完成了证明"被侵权人排放了污染物，污染物到达损害发生地，或者受害人接触了该污染物，该污染物到达之后或者该污染源存在之后，环境损害才发生或者加重"以上内容时，即确定原告完成"关联性"证明责任。

3. "技术不确定型关联性"

"技术不确定型关联性"是科学可认知但技术上无法证明的"关联性"，此种类型的典型可参照日本水俣病使用的疫学因果关系证明方法证明的因果关系，因"因果关系"与"关联性"证明标准不可等同，故在此只使用参照一词，但两者的在技术上的困境从根本上是一致的，即性质相同。具体而言：所谓疫学是指就集体现象的疾病探明其发生、分布与社会生活的因果关系寻求对策防治疾病发生的科学。[1]故疫学也是科学的一种，水俣病案件在当时的医学技术下无法认定因果关系的成立，但在科学方法的运用下认知了因果关系的成立，这很典型地体现了"技术不确定型关联性"的特点。所以在此类案件中，由于当前的社会也是建立在科学基础上的，故应当对科学作出更积极的评价，且在科学与技术中选择一种倾向，即更认可科学的作用。那么对被侵权人来说，可以选择用公认的、通用的科学方法来证明"关联性"的成立，也可选择证明前述两个构成要件来完成"关联性"的举证责任，在审判中，法院应当认可这两种证明方式。

4. "科学不确定型关联性"

"科学不确定型关联性"是科学上无法认知但技术上已完成证明的

---

〔1〕〔日〕曾田长宗：《公害与疫学》，载《公害法之研究》1998 年版，第 236 页。

"关联性"。因为科学上的无法认知，所以并不能对此类"关联性"断然给予明确的判断，也无法附加相应的价值选择，原因在于技术可能违背了客观规律，在当代违背客观规律既不符合人们的客观认知也不符合主流的价值判断，简言之，与主流相悖。但并非此种类型"关联性"就不可认定，关键在于"可重复性"。即"科学不确定型关联性"的产生原因有两个：一是累积经验，二是个人的优越经验。针对累积经验来说，其源于人类的客观实践，是集体的、大众的，故而更具普遍性与可信赖性，因此从某种程度上来说更接近科学，因此对于累积经验造成的"科学不确定型关联性"，在完成前述构成要件后可认定"关联性"的成立；但对于个人优越经验而言，需要测试该经验的"可重复性"，通过"可重复性"测试的，即可认定此"关联性"成立，未通过的，因个人优越经验的个体性、非普遍性，如予以认可容易造成法院对"关联性"判断的混乱，故不应认可，即使在被侵权人完成上述证明构成要件时，也不应认可"关联性"的成立。

5. 四种"关联性"类型的适用关系

对于法官而言，首先，应当考虑是否属于"常识型关联性"这一类型，因为针对"常识型关联性"的证明仅需证明侵权行为与损害后果即可，行为与后果之间的"关联性"是不证自明的，可以直接根据常识进行判断，此时不需要具体地考虑被侵权人对"关联性"的证明是否达到了相应的证明标准，故放在第一次序。其次，考虑是否为"科学技术确定型关联性"，因"科学技术确定型关联性"在科学与技术上均能较准确地认知到侵权行为与损害事实之间的"关联性"。因此在排除了非"常识型关联性"之后，优先考虑是否为此类型，有助于：第一，在确定为"科学技术确定型关联性"时，那么在被侵权人完成了证明"被侵权人排放了污染物，污染物到达损害发生地，或者受害人接触了该污染物，该污染物到达之后或者该污染源存在之后，环境损害才发生或者加重"以上内容时，即可认定"关联性"存在；第二，在确定不为"科学技术确定型关联性"时，就可以紧接着进一步判断究竟是"科学不确定型关联性"还是"技术不确定型关联性"，这在应用逻辑上是畅通的，且避免了工作的反复。再其次，"科学不确定型关联性"与"技术不确定型关联性"两种类型的"关联性"在认定时是并列顺序，没有先后之分，在确定不为"科学技术确定型关联性"之后进一步判断即可。最后，对于"科学技术均不确定型关联性"因其无法证明"关联性"存在，所以在司法实践中根本没有裁判空间，所以笔者未将这一类型纳入讨论适用的范围。

第三章

环境侵权公益诉讼的原告适格

环境侵权公益诉讼原告主体资格的确定是诉讼发轫的前提，原告适格与否、资格范围，不仅影响主体诉讼权益，更关涉社会环境公益的维护。整体看来，环境侵权诉讼原告主体资格相关规则在世界范围内都有所进展，呈不断发展完善之势。环境侵权公益诉讼原告适格制度以"公共信托"理论与"诉的利益"理论为基础，在特定语境中，前者意指为了维护公共目的而进行的信托，为环境侵权公益诉讼原告主体资格的拓宽创造条件，而后者则是为整个环境侵权公益诉讼制度补强正当性。国内环境侵权公益诉讼原告主体资格范围不断扩展，表现为社会组织资格条件放宽、检察机关主体资格确立以及环保机关原告资格的深入；在国外，美国有公民诉讼与集团诉讼制度，英国有检举人诉讼与代表人诉讼，日本有住民诉讼与选定当事人诉讼制度，都在一定程度上发展了公民团体、集体，甚至是个人提起环境侵权公益诉讼的相关法律制度，为我国环境侵权公益诉讼原告主体资格制度的发展提供了分析案例。

一、环境侵权公益诉讼的原告类型

根据《民事诉讼法》《环境保护法》等相关法律规定，能够在我国提起环境侵权公益诉讼充当原告的适格主体包括社会组织、检察机关以及环保机关。为顺应时代、社会发展，顺应国家环保、可持续发展战略，环境保护力度年年增强，原告资格作为环境侵权公益诉讼的第一道"阀门"，总体上呈不断摸索、逐渐放宽之趋势。其中，社会组织是最早被立法赋予原告资格的主体之一。环保组织作为社会组织的一支，独具灵活性、专业性，是提起环境侵权公益诉讼的主力军，能够对环保机关的行政执法起到有益补充，但当前环保组织尚受源自起诉资格、登记制度以及内生动力等因素的限制，有待进一步调整、放宽。检察机关能否作为起诉主体这一难题，经过学界激烈讨论、司法实践的反复检验，终于得以解决：其资格终于被立法者肯认。检察机关在环境侵权公益诉讼中面临"既当运动员又当裁判员"的质疑，但其无疑是能够最大程度上代表并维护环境公益的主体，其资格确立也有利于缩小原告被告双方"实力差"，检察机关在环境公益诉讼当中的地位逐渐确立，其发展方兴未艾；环保机关作为代表国家利益的机关，面临当环境公益与国家利益冲突时的初始难题，恐难以胜任环境侵权公益诉讼原告主体。此外，由于环保机关本身负有环境保护、监督、维护之职责，赋予其起诉权将难以避免环保机关懒政，直接将压力转嫁至人民法院的可能性，虽然当前我国环境侵权损害赔偿诉讼制度逐渐确立，但环保机关的诉讼主体资格还需谨慎配置、细究。概言之，我国当前环境侵权公益诉讼制度还需要进一步贴合实际、完善发展。

放眼外国，类似于我国环境侵权公益诉讼制度的环境侵权诉讼制度早已有迹可循，或是趋于成熟。环境侵权公益诉讼制度发展需要在契合本国实际的前提下，扬长避短、博采众长。于美国，公民诉讼以及集团诉讼发展成熟，公民诉讼制度的确立使得美国公民个人也获得公益诉讼原告主体资格，1970 年美国《清洁空气法》第 304 条规定"任何人"都可以以自己的名义对违反本法的"任何人"提起公民诉讼，被诉污染者、环保机关将有 60 日或者 90 日的法定期限对此采取措施停止污染、修复受损环境，进行"回应"。公民诉讼制度赋予自然人以"私人检察官"的地位，虽其提起诉讼仍受诸多法定条件限制，但无疑具有开创性意义。而集团诉讼则是在人数众多的诉讼中推举诉讼代表人参与诉讼，而诉讼结果及于全体被代表人的诉讼制度。英国的代表人诉讼制度与美国集团诉讼制度相似，但其代表的产生、行权都具有高度的独立性，当产生不利于被代表人的诉讼后果时，其可以通过推出共同诉讼的方式进行抗辩，两个制度各有所长。

英国的检举人制度也是公民个人获得公益诉讼原告主体资格的制度之一，其条件为当检察总长怠于行使职权不对公害事件提起诉讼时，公民个人便可向其申请获得以其名义提起诉讼的资格，若检察总长予以确认，公民便可以其名义提起公益诉讼，而检察总长则退居幕后。日本的住民诉讼赋予特定地区内的住民对损害本地区利益的公害事件提起公益诉讼的起诉主体资格，最初是用以应对地方财阀挥霍地方公共财物的现象，地方共同体成员需要先行履行住民监督程序，而后方可提起住民诉讼。选定当事人制度则与代表人诉讼制度相似，但最终由于其诉讼条件以及裁判方式等程序的严格性，始终未达成节约司法资源、高效应对诉讼的初始目的，实用意义较弱。

可见，各国都在某种程度上赋予公民个人或是某类群体代表人以公益诉讼原告主体资格，但无一例外地都附加了严格的条件限制，这些限制包括公民主体资格限制、前置程序限制以及群体代表资格限制等。在我国，公民个人暂时并未获得环境侵权公益诉讼主体资格，但学界对此早已进行深入探究，并在为其寻找合适的程序路径方面达成了共识。环境侵权公益诉讼原告主体资格的赋予基于公共信托以及诉的利益理论，此外，环境权也是重要的考量依据之一，我国环境侵权公益诉讼原告资格制度应当以此为准、不断深入。

二、环境侵权公益诉讼原告适格的理论基础

（一）公共信托理论

"信托"一词，常见于民事法律关系当中，是指委托人基于对受托人的信任将其财产权委托给受托人，由受托人按委托人的意愿以自己的名义为受益人的利益或者特定目的进行管理或者处分的行为，是一种特殊的财产管理制度[1]。在信托制度的框架下，财物所有权"一分为二"，委托人将特定财产所有权转移至受托人，但受托人须基于委托人之意愿作出处分

---

〔1〕 参见侯宇：《美国公共信托理论的形成与发展》，载《中外法学》2009 年第 4 期。

或者管理行为，而最终收益也归属于委托人或是受益人，信托制度的优越性不仅体现在市场经济激活这一层面，还体现在其与自然环境保护需求、社会公共管理需求的完美契合。"公共信托"即指为了维护公共目的而设立的信托，在环境领域的运用信托理念解决了长久以来人们对于环境、自然资源所有权归属、使用权主体以及使用原则、方式之困惑，创造了适合时代发展的全新环境保护机制。根据传统民事法理念，诸如水、大气、阳光等环境要素无法为人所支配、排他所有，早期人对自然环境的干预和利用仅以"不侵害他人权益"为限或是干脆没有限制，容易引发"公地悲剧"、导致无序性，而公共信托理论将"环境"视为全体公民的共同财产，为了有效管理它便通过"信托"的方式交由政府等受托主体进行管理处分，美国学者萨克斯认为，公共信托的基本准则包括：信托财产须以财产本身的性质直接供公民使用；信托财产应维持并增进公益，不应限定于特定少数；不得将信托财产让渡给私人[1]。

　　环境公共信托理论发轫于古罗马、英国，创立于美国，最初用以应对日益恶劣的环境问题。罗马法是公共信托原则的"伊甸园"，罗马法倡导的"公共"思想可以说是环境公共信托理论的基石，根据查士丁尼法典之《法学阶梯》的内容，根据自然法，所有这些东西对所有人都是共同的：空气、流水、海洋及海岸。因此，不得禁止任何人接触海岸；所有的河流和港口都是公众的，因此所有人都享有捕鱼的权利[2]，一些居民生活必备的环境要素被视为"公物""共同所有物"。但当时的罗马法并非急于解决环境问题，而是通过将必备的环境要素公有化的制度安排，使得私人的占有、使用合法化，毕竟作为公共之物，每一个人都可以在合理的限度内对其占有、使用，但与此同时，这些"公物""共同所有物"并非属于特定主体的财产、无法成为交易的客体。罗马法对环境公共信托理论的贡献在于肯认公众对环境公物的权利，英国的普通法吸收了其中精髓，并进一

---

　　[1]　参见侯宇：《美国公共信托理论的形成与发展》，载《中外法学》2009年第4期。

　　[2]　参见［罗马］查士丁尼：《法学总论——法学阶梯》，张企泰译，商务印书馆1989年版，第48-49页。

步将其运用于与王室权力的衡平之中。"普天之下，莫非王土"，17世纪的英国国王享有无上的权力、众多的财产，其中不乏海滨、海滩之类在当代人眼中的"公物"，当王室向私主体转让这些财产时，私人所有的排他性权利便可排除公众公用，从而引发矛盾。对此，大法官马修·黑尔以港口为例，认为沿海区域存在三种不同的利益，分别是私人权利、王权以及一般公众的权利，黑尔认为国王可以对此类财产进行转让，但人民享有在相关水域通航的公共权利，私人权利或者所有权要从属于一般公众的权利[1]，这一理论实际上将国王的公共职能与个人人格进行界分，质言之，涉及公共事项的财产转让不得侵害公益。普通法进而强调公共利益的优先性，并形成初步的公共信托模式。

罗马法的公物思想、黑尔的一般公众权利的理论，最终在美国20世纪后期的环保运动中成型，彼时萨克斯发表的《自然资源法中的公共信托理论：有效的司法干预》将公共信托理论用于环境保护领域当中，认为土地、河流等自然资源都为各州民众信托所有，政府不得违背民众公益随意进行处分、占用，掀起了各州公共信托入宪的浪潮。从上述环境公共信托理论的发展史中可推知，私主体、政府、公众，甚至是国王都曾扮演过信托关系里的受托人角色，可见，环境公共信托关系各方主体并非一成不变的，而是会随着社会发展、公众实际需求的变化而变化，但公共信托的落脚点始终在于对公益进行更好、更切实的维护，故各方主体的变更或者扩张，都应当以此为标准进行考量。

（二）诉的利益理论

诉的利益理论形成于19世纪确认之诉的诞生之时，用以避免民事主体对任何事物都请求法院进行审判确认、滥诉[2]。而所谓诉的利益，是指对于具体的诉讼请求，是否具有进行本案判决的必要性和实效性，通常有广义与狭义之分，前者从诉讼主体以及客体，也即权利保护利益以及权利保护资格两个角度考察诉的正当性、必要性以及合法性，而后者则限于诉

---

〔1〕 参见王灵波：《美国自然资源公共信托原则研究》，苏州大学2015年博士学位论文。

〔2〕 参见肖建华、柯阳友：《论公益诉讼之诉的利益》，载《河北学刊》2011年第2期。

讼客体的部分[1]。如此看来，诉的利益理论与当事人适格理论相似，当事人适格是指有作为案件当事人实施诉讼，请求法院对其进行判决的资格。当事人适格与诉的利益都涵盖诉讼主体资格的问题，但两者亦有区别：当事人适格缺乏对于诉讼客体的考量，也即权利保护利益之必要性与实效性，有学者认为，两者关系互为表里，当事人适格的问题为表，诉的利益问题为里[2]。诉的利益理论至少产生以下两个方面的价值：一方面，将一定的"利益""必要性"作为诉讼提起的要件，进而防止滥诉，这也被称为诉的利益之"消极功能"，通过法院审查后发现当事人提起的诉讼没有进行判决的必要性和实效性，便可据此驳回起诉；另一方面，诉的利益理论侧重诉讼客体的特征，将促成潜在利益向法定权利的转化，同时制约法院的自由裁量、保障诉权，这是"积极功能"之所在。只要当事人的起诉、诉请具有特定的利益，法院便不可轻易将其驳回或是拒绝审判，在符合法定条件的情况下，须依法组织庭审解决当事人间的纠纷。而这种"特定的利益"并不仅指法律明文规定的权利，以法国为例，1804 年《法国民法典》第 4 条规定，审判员借口没有法律或法律不明确不完备而拒绝受理者，得依拒绝审判罪追诉之，[3]可见是否具备实质性的利益作为提起诉讼的首要判断标准，如此一来，那些暂未被法典纳入的紧要利益，基于诉的利益理论也可得到法律的确认、保护。

那么这些"利益"是什么？法院如何判断当事人提起的诉讼具有诉的利益？根据学界通说，诉的利益需要多方面衡量，因为其与双方当事人利益，甚至是与国家、法院的利益都息息相关。于原告而言，诉的利益能否被确认直接关系到诉讼能否顺利提起，这事关原告期待的实体权利能否得到有效维护；于被告而言，诉的提起将使得被告陷入沉重的司法程序之中，甚至可能面临不利判决；于法院而言，不论是诉的利益审查工作还是后续需要进行的审判程序都将耗费大量的司法资源，诉的利益之判定不仅

---

[1]　参见张卫平：《民事诉讼法》，法律出版社 2013 年版，第 173–174 页。

[2]　参见张卫平：《诉的利益：内涵、功用与制度设计》，载《法学评论》2017 年第 4 期。

[3]　参见刘敏：《论诉的利益之判断》，载《国家检察官学院学报》2012 年第 4 期。

影响起诉成功率，更是会直接导致案件数量变化，增加法院负担。对此，有学者从宏观角度对这些"特殊利益"进行了分类，其一是国家利益，由于法院实际上是国家机器，诉讼也是国家制度之一，那么诉的利益需要考量国家利益，具体来看，是否危及国家机器运行，是否需要耗费大量的人力、物力以及财力都应当纳入考量；其二是当事人利益，民事诉讼既然是调整平等民事主体间的关系，那么自然应当以双方当事人的利益状态为重，受损的利益状态、抗争的利益状态等。不论是国家利益还是个人利益都是在诉的利益判断过程中需要综合考虑的因素。此外，亦有学者按照诉的不同种类，认为给付之诉、形成之诉与确认之诉需要考虑的利益因素各异，不无道理。

从公益诉讼的角度看，诉的利益理论一定程度上缓解了公益诉讼制度与民事诉讼体系的冲突。按照传统理论，民事诉讼应着眼于私益而非公益，而根据此前未修正的《民事诉讼法》相关规定，原告必须与案件有直接的利害关系、原告遭受的损失必须是现实且特定的，这便决定了公益诉讼难以融入民事诉讼体系，因为公益的特点是广泛、潜在以及不特定性，个人难以证明其与公益受损的直接关联，若个人以原告身份提起民事诉讼维护公益，定会被法院以"当事人不适格"为由，不予受理；另一方面，司法具有滞后性，随着社会发展，公益私益逐渐融合，民事主体在社会生活中萌生的新兴权利与日俱增，当主体的这些新兴权利遭受侵犯而向法院提起诉讼时，法院便处于权利保护的"真空地带"。而据前述，诉的利益理论至少能够有效缓解这两个难题。

三、我国环境侵权公益诉讼的原告适格

（一）社会组织资格条件的放宽

社会组织是最早为我国立法承认的环境侵权民事公益诉讼主体，2012年《民事诉讼法》第二次修正，其中第55条规定："对污染环境、侵害众多消费者合法权益等损害社会公共利益的行为，法律规定的机关和有关组织可以向人民法院提起诉讼。"该规定回应了司法实践中赋予社会组织起

诉主体资格的期待，结束了社会组织提起环境侵权公益诉讼时无法可依的状态。社会组织诞生于处于政府失灵以及市场失灵状态下的西方社会，其目的是解决各类不同的社会问题、满足日益丰富的公共需求，可以说，社会组织是顺应时代发展的产物，而环保组织作为社会组织的分支之一，是提起环境侵权公益诉讼的主力军。由环保组织作为环境侵权公益诉讼主体具有不少"天然优势"：相比个人提起的环境侵权诉讼中，法院侧重保护个人因环境侵权行为而受损的人身、财产损失，环境本身损害的修复或是"附加效果"，又或是压根不在考虑范围之内，而环保组织的诉求不仅侧重于对环境损害的补充，更是要求损害主体采取积极行动阻止环境污染的加剧，此外，环保组织提起环境侵权公益诉讼也无须等待环境污染、生态破坏行为之"即成"，只要存在潜在的重大风险便可向人民法院提起诉讼；而相比行政机关管理模式，环保组织可以起到有益的补充，行政机关需要事无巨细地处理各类社会事务，同时，随着环境执法压力增加，行政主体压力陡增，传统的严格禁止模式也无法适应环保要求，而环保组织作为环境侵权公益诉讼的主体可以发挥独特的灵活性、专业性特点，更有效地打击环境污染、生态破坏行为，可以说社会组织被寄予"厚望"。

最初，社会组织获得环境侵权公益诉讼的起诉资格之时，法律并无其他明细规定或者补充条款对社会组织资格进行说明，这便在实践中造成一种"尴尬局面"：社会组织确实获得了起诉主体资格，但何种社会组织的起诉能够被法院接受，尚无统一标准，属于受理法院自由裁量的范畴。这也造成了司法实践中，当社会组织获得原告主体资格后并未出现此前学界预期的环境侵权公益诉讼"井喷"的现象，也存在法院以社会组织不属于法律规定的"有关组织"而驳回起诉的现象，由社会组织提起环境侵权公益诉讼处于"无形限制"之中。这种窘况直到2014年《环境保护法》的修订才被打破，其中第58条规定，依法在设区的市级以上人民政府民政部门登记，专门从事环境保护公益活动连续五年以上且无违法记录的社会组织可以对污染环境、破坏生态行为向人民法院提起诉讼，法律为社会组织资格设定了具体条件，2015年最高人民法院公布的《公益诉讼的解释》进一步释明了"专门从事环境保护公益"以及"无违法记录"之内涵。

据相关学者调查，截至 2014 年第三季度，全国范围内符合条件的环保组织仅有 300 余家[1]，社会主体资格有待进一步放宽。对社会组织的限制不仅体现在起诉主体条件层面，事实上，在当前的登记管理体制下，按照国务院发布的《社会团体登记管理条例》，社会团体想要正式成立环保社团，首先应当取得相关业务审查机关的同意，而后才能够在民政部门注册、登记成功，体现出严格的"双重管理机制"。有学者明示，环保组织在现实中难以找到挂靠单位，因为那些破坏生态环境的企业往往是政府关注的重点企业，故很少有单位愿意担任主管部门并对此负责[2]。于是，无法取得民政部门登记的社会组织只能转而寻求工商部门的注册登记，但这又恰恰被 2014 年《环境保护法》第 58 条的主体条件排除在外。一方面，环境侵权公益诉讼的复杂性、公益性以及专业性决定了对其原告主体资格的严格要求，过于泛滥的、非专业的主体若被赋予起诉主体资格，不仅容易催生滥诉，更是对司法资源的极大消耗；但另一方面，过度的限制又将打击社会组织提起环境侵权公益诉讼"所剩无几"的积极性，因为社会组织本身属于公益性质组织，需要面临自身存续压力，还需要面对司法条件等各类限制。故应当通过简化社会团体登记管理办法、降低准入门槛等方法，对社会组织有限度地进一步放宽主体资格限制，并辅之以适当的激励机制，才能够扭转社会组织的起诉颓势，从而激起制度活力。

（二）检察机关原告资格的明确

2014 年修订的《环境保护法》对环境侵权公益诉讼主体进行了初步规定，2015 年最高人民法院公布的《公益诉讼的解释》，其中前三条对环境侵权公益诉讼主体进行补充，赋予"法律规定的机关"以原告主体资格。在以上阶段，检察机关尚未成为环境侵权公益诉讼的适格原告。

---

[1] 参见彭燕辉：《环保组织提起民事公益诉讼实证研究》，湖南大学 2020 年博士学位论文。

[2] 参见栗楠：《环保组织发展困境与对策研究——以环境民事公益诉讼为视角》，载《河南大学学报（社会科学版）》2017 年第 2 期。

检察机关是否可以成为环境侵权诉讼的适格原告？虽国外早已存在认可检察机关主体资格的先例，但学界对此仍观点杂陈。持赞同意见的学者认为，检察机关应当被纳入适格主体范围，这既是顺应环保发展需求的适时之举，也是合乎法理的正当之策。具体而言，将检察机关作为起诉主体能够弥补原被告间的"实力差"，从而平衡民事公益诉讼结构，利于实现对公权力的监督、推动相关公共政策的生成；同时，经验丰富的检察机关可以对行政力量进行有效补充，共同成为环境保护的重要防线[1]。而持否定意见的学者则认为检察机关不宜作为环境侵权公益诉讼的原告，甚至也不应当赋予其环境侵权公益诉讼起诉主体资格。具体而言，检察机关作为保护社会公益的国家机关，一是与民事法私益保护目的不兼容，二是与"各司其职、分工合作"的国家机构间的关系不符，有学者认为，赋予检察机关起诉主体资格将导致其与管辖环境违法的行政机关产生职权上的重合，故没有进行此项制度设计的必要[2]；此外，检察机关作为环境侵权公益诉讼原告将产生基本的逻辑错误，其作为法律监督机关，在诉讼过程中"既当运动员又当裁判员"，恐将产生司法不公。足见早年间，关于检察机关起诉主体资格的讨论之激烈。

直到 2015 年，我国在部分省市进行检察机关提起环境侵权公益诉讼的试点，而 2017 年《民事诉讼法》第三次修正，其中第 55 条增加一款规定："人民检察院在履行职责中发现破坏生态环境和资源保护、食品药品安全领域侵害众多消费者合法权益等损害社会公共利益的行为，在没有前款规定的机关和组织或者前款规定的机关和组织不提起诉讼的情况下，可以向人民法院提起诉讼。前款规定的机关或者组织提起诉讼的，人民检察院可以支持起诉"，检察机关的原告资格终于在立法层面上得到了确认。2018年最高人民法院、最高人民检察院公布《关于检察公益诉讼案件适用法律若干问题的解释》，将检察机关提起环境侵权公益诉讼的规则进行细化。

---

〔1〕　参见陈磊：《检察机关民事公益诉讼主体资格之提倡》，载《人民司法》2013 年第 1期。

〔2〕　参见章礼明：《检察机关不宜作为环境公益诉讼的原告》，载《法学》2011 年第 6 期。

调查显示，自检察机关确立起诉主体资格以来，截至 2018 年 4 月，全国检察机关便办理了生态环境和资源保护领域公益诉讼案件近 2 万件，成效显著。

检察机关提起环境侵权公益诉讼方兴未艾，继续完善其诉讼运行程序自不待言，近年来，也有学者提出需要更新检察机关提起环境侵权公益诉讼的规则，如 30 天的公告期与快速、及时取证的原则不符，应当让基层检察机关也参与其中等[1]，从案件处理效率的角度看不无道理。此外，环境侵权公益诉讼各主体之间的起诉顺位也是有待研究的新命题，按照公益代表性标准、诉讼经济标准，应当将起诉顺位确定为"行政机关—环保组织—检察机关—公民个人和其他主体"为宜[2]。

（三）环保机关原告资格的完善

环保机关是行使环境监管职权的国家机关，是环境行政执法机关，拥有国家行政权力，对各种环境行为进行管理和控制[3]。狭义的环保机关指环境保护主管部门，而通常例如林业、国土以及渔业等负有环境监管职责的行政机关也属于此中的环保机关。不论是 2012 年修正的《民事诉讼法》还是 2021 年修正的《民事诉讼法》都规定"法律规定的机关"可以向法院提起环境侵权诉讼，但《环境保护法》当中并无相关规定，此外不论是《民事诉讼法》《环境保护法》还是此前最高人民法院公布的《公益诉讼的解释》都没有对"法律规定的机关"进行进一步的解释与释明，故当前何种行政机关符合环境侵权公益诉讼主体资格尚处于模糊状态。但在司法实践中，陆续出现环保机关作为原告提起环境侵权公益诉讼的案件，其中多数取得了胜诉，例如 2007 年原告贵阳市"两湖一库"管理局诉被

〔1〕 参见肖琪畅：《法律修订视角下环境民事公益诉讼主体问题探索》，载《时代法学》2019 年第 1 期。

〔2〕 参见李琳：《论环境民事公益诉讼之原告主体资格及顺位再调整》，载《政法论坛》2020 年第 1 期。

〔3〕 参见秘明杰：《环境民事公益诉讼原告之环保机关的主体资格审视》，载《内蒙古社会科学（汉文版）》2014 年第 1 期。

告贵州天峰化工公司水污染责任纠纷案〔1〕。据此，环保机关环境侵权公益诉讼的原告资格有待深入研究。

环保机关作为国家行政机关，其本身便负有环境监管、保护等职责，可以说是环境污染防治的主力军以及"第一道防线"，再赋予其起诉主体资格是否会产生一定的"职能重叠"，这是来自学者们的疑虑。反对者认为，环保机关不应被赋予环境公益诉讼主体资格，理由如下：其一，环保机关所代表利益不能够充分地维护环境公益。环保机关作为国家机关，代表国家利益，而国家利益与社会公益有所区别，前者主要体现在国有自然资源保护层面，换言之，一旦超出国有资源保护范畴，行政机关便很难在履行职责的过程中投入积极性、主动性。此外，当社会公益与国家利益产生冲突时，作为代表国家利益的环保机关必然倾向于维护国家利益，故其也就很难作为社会公众环境利益的代言人向法院提起环境侵权公益诉讼，具有自身的局限性〔2〕。其二，赋予环保部门起诉主体资格本质上是行政权的扩张，恐将影响公民权利保护，同时也与加强公权力监督、使用限制的趋势不符。若环保机关享有环境侵权公益诉讼起诉资格，那么我们便无法排除环保机关怠于行使环保职责，而选择直接提起诉讼的情况，如此一来便是变相加重法院负担，正如有学者所言，如果环境行政机关连最基本的"分内工作"都无法完成，我们就更无法期待其圆满完成环境公益诉讼的"兼职工作"〔3〕。支持者则认为应当赋予环保机关以原告主体资格，环保机关拥有"天然优势"，相比社会团体，这具有理论上的正当性以及现实中的必要性〔4〕：就正当性而言，环保机关更为了解环保事项，也更具

---

〔1〕　参见王翼妍、满洪杰：《论环境民事公益诉讼原告资格的实践扩张》，载《法律适用》2017 年第 7 期。

〔2〕　参见秘明杰：《环境民事公益诉讼原告之环保机关的主体资格审视》，载《内蒙古社会科学（汉文版）》2014 年第 1 期。

〔3〕　参见沈寿文：《环境公益诉讼行政机关原告资格之反思——基于宪法原理的分析》，载《当代法学》2013 年第 1 期。

〔4〕　参见杨朝霞：《论环保机关提起环境民事公益诉讼的正当性——以环境权理论为基础的证立》，载《法学评论》2011 年第 2 期。

权威性；就必要性而言，尽管环保机关享有许多看起来"高大上"的行政手段，例如行政许可、行政命令、行政处罚等，享有环评文件审批权、行政命令权等，但这些行政手段通常都有严格的启动限制，并且环保机关始终缺乏诸如查封、扣押等强制性措施，致使其在面对强硬的违法企业时往往陷入被动之中。

赋予环保机关起诉主体资格不仅是趋势所在，更是提高环保机关行政执法有效性的可靠保障，但与此同时，应当严格限定环保机关的起诉条件，设置独立的机构对其诉前职责履行情况进行严格监督、审查，或是可行之举。从国家层面上看，2019 年 6 月，最高人民法院公布的《关于审理生态环境损害赔偿案件的若干规定（试行）》第 1 条规定，省级、市地级人民政府及其指定的相关部门、机构，或者受国务院委托行使全民所有自然资源资产所有权的部门，因与造成生态环境损害的自然人、法人或者其他组织经磋商未达成一致或者无法进行磋商的，可以作为原告提起生态环境损害赔偿诉讼；2022 年生态环境部等 14 家单位印发的《生态环境损害赔偿管理规定》，正式将由行政机关提起的生态环境损害管理赔偿之诉立法确立，也一并解决了此前环保机关范畴不明的情况，环保机关的原告主体资格正在进一步深入、完善。

四、国外环境侵权公益诉讼的原告适格

（一）美国：公民诉讼与集团诉讼

20 世纪 70 年代，美国秉持经济发展先行、漠视环境保护的发展路线，其公民终于在一次又一次的环境危机后选择走上街头，掀起环保运动的浪潮，那时美国公民仅能提起侵权诉讼维护环境私益，"扩大公益诉讼原告资格"成为示威群众的法律诉求之一。公民诉讼制度便是在这样的社会背景下产生的，它是指公民可以依法就企业违反法定环境保护义务、污染环境的行为或主管机关没有履行法定职责的行为提起诉讼[1]，是继环境影

---

[1] 参见王曦、张岩：《论美国环境公民诉讼制度》，载《交大法学》2015 年第 4 期。

响评价制度后又一重大的制度创新。1970 年美国《清洁空气法》第 304 条规定"任何人"都可以以自己的名义对违反本法的"任何人"提起公民诉讼，这里的原告既包括作为自然人的公民，亦包括法人以及政府机构[1]，至此，美国公民获得提起环境侵权公益诉讼的原告资格。同时，在美国此后的《清洁水法》《公共土地法》《能源资源法》等法律中都存在公民诉讼条款，按照这些条款之规定，在原告公民诉讼通知书送达后，被告或是政府机构将有 60 天或者 90 天的时间对环境破坏行为采取措施，法定期间经过之后原告可正式对被告提起法庭诉讼，故有学者认为其本质是一种"督促"机制[2]，由于司法机关的权威性、终局性，通知书的送达对被通知者形成了一种强有力的"威胁"，"若进入诉讼程序恐将面临严重后果"迫使其停止环境破坏行为或者履行环境公职。公民诉讼根据被告的不同可以分为针对行政机关的公民诉讼以及针对排污者的公民诉讼；根据诉讼请求的不同可以分为公民执行诉讼以及强制义务诉讼。美国的公民诉讼制度并非"对主体没有任何限制"的诉讼制度，在美国宪法以及各类部门法当中都不同程度地对公民诉讼损害事实与主体关联性、损害类型与要求以及适用范围进行明确限制[3]，但将自然人当作"私人检察官"赋予其环境侵权公益诉讼原告资格的做法具有创造性意义。

　　集团诉讼最核心的出发点便是通过一次性解决具有共同争点的大量小额请求[4]，集团诉讼是美国用以应对类似于环境侵权存在大量潜在受害人（原告）的案件。集团诉讼制度赋予受害人群体选派"代表"充当诉讼当事人的权利，法院得以避免进行多次重复性、同质性庭审的情况，节约了司法资源，同时，形成"集团"的一方原告与大型企业被告之间的实力

---

[1]　参见王曦：《美国环境法概论》，武汉大学出版社 1992 年版，第 296 页。

[2]　参见李艳芳：《美国的公民诉讼制度及其启示——关于建立我国公益诉讼制度的借鉴性思考》，载《中国人民大学学报》2003 年第 2 期。

[3]　参见巩固：《美国环境公民诉讼之起诉限制及其启示》，载《法商研究》2017 年第 5 期。

[4]　参见［日］小岛武司：《诉讼制度改革的法理与实证》，陈刚等译，法律出版社 2001 年版，第 64 页。

差得以缩小，可谓一举两得。有学者认为，集团诉讼是指在一个大规模的群体与一个事实有利害关系的场合，一人或数人可以作为代表而不必联合集团中的每一个成员起诉或应诉的一种诉讼方式[1]，其初衷在于更有效率地解决群体性案件，但美国的司法实践中却出现大量的代表人索取巨额佣金、损害被代表人权益、群体性利益、蚕食个体利益并使其权利丧失，以及集团诉讼判决对成员既判力等问题。对此，美国国会于1998年、2003年先后对集团诉讼相关法律规定进行修改，并在2005年通过《集团诉讼公平法》以确保集团成员的合法请求得到及时、公正的救济，同时，赋予联邦法院跨州案件的管辖权的加强法律监督[2]。在集团诉讼制度的"鼎盛"时期，世界各国纷纷研究并建立起相似的诉讼制度，例如加拿大、澳大利亚、苏格兰、芬兰、瑞典等国，南非也有这样的动向[3]。而对于代表人资格的获取，作为集团诉讼代表人不应与被代表人产生基本的利益冲突或是损害其利益，其代表的充分性也需从能力、品行等综合各方因素进行考察。

（二）英国：检举人诉讼与代表人诉讼

个人通过获得诉讼资格人授权，并以其名义参与公益诉讼，这样一来，即可解决直接扩张原告主体资格而导致的个人滥诉，又能够调动个人积极性，使其充分行使诉权维护公益，可谓"一箭双雕"，这便是英国的检举人诉讼制度。随着工业化的产生与发展，严重的环境问题、社会群体性纠纷也随之增加，当时的英国缺乏专门的环境公益诉讼制度，个人一般也不能够代表公众直接提起公益诉讼。英国的检察总长是公益诉讼的代表人，其有权代表国王、公众，阻止一切违法行为，可以主动对行政行为进行审查，检察总长是公益诉讼的适格主体之一。当检察总长怠于行使职权、怠于对群体性事件加害人提起公益诉讼时，私人便可请求其赋予自己

---

[1] 参见胡敏飞：《论美国的环境侵权集团诉讼》，载《法学评论》2007年第3期。

[2] 参见章武生：《论群体性纠纷的解决机制——美国集团诉讼的分析和借鉴》，载《中国法学》2007年第3期。

[3] 参见范愉：《集团诉讼问题研究——一个比较法社会学的分析》，载《法制与社会发展》2006年第1期。

以检察总长名义提起诉讼的权利，这类请求人在学理上被称为"检举人"，当检举人获得检察总长授权之后，便可向法院提起诉讼，而检察总长则"退居幕后"，检举人则被全面委以督促诉讼的责任，如果检举诉讼败诉，其费用就由该个人负担[1]。而若检察总长不同意请求人之请求，检举人诉讼便无法开展，法院也无权调查拒绝缘由，直到1977年，上议院严格遵循"由检察总长代表公众"这一原则的情况才有所转变，在检察总长拒绝请求或者怠于给予许可时，个人可以担任其角色提起公益诉讼[2]。此外，英国地方政府、消费者保护委员会或者特定公职人员也可以在法定范围内代表公众提起相关诉讼。

代表人诉讼是英国的另一种群体性纠纷解决机制，根据1999年生效的英国《民事诉讼规定》，代表人诉讼是指由诉讼中具有相同利害关系的一人或多人提起的诉讼，如果他们有共同的诉讼请求并能从所主张的救济中获益，那么法院作出的判决对所有被代表人均具有约束力，提起代表人诉讼要求代表人与被代表人有共同的利益、共同的诉讼请求并且要求所有人均可以从中获益[3]。除了诉讼利益上的牵连，英国代表人诉讼中的"代表人"具有相对的独立性：从其产生方式来看，代表人并非通过被代表人选举或是根据法院任命产生，而是自我任命的，法院仅有法定的排除权即禁止某类人担任代表人；从行权的角度看，代表人可以在诉讼中独立地主导程序进行、决定诉讼策略、决定是否和解，而无需向被代表人请示或征得其同意，若被代表人与代表人意见相左，被代表人可采取退出共同诉讼等方式回应。但若想要成为代表人需要与被代表人有着共同的利益以及诉讼请求，代表人诉讼判决的既判力及于所有当事人，这是代表人与被代表人间的直接联系，同时也决定了代表人与被代表人不至于产生根本上的分歧。代表人诉讼的目的是维护特定少数群体的利益，而非公益，其与公益

---

〔1〕　参见［意］莫诺·卡佩莱蒂编：《福利国家与接近正义》，刘俊祥等译，法律出版社2000年版，第83页。

〔2〕　参见沈达明编著：《比较民事诉讼法初论》（上册），中信出版社1991年版，第159页。

〔3〕　参见齐树洁主编：《英国民事司法改革》，北京大学出版社2004年版，第334页。

诉讼存在根本上的区别，但"代表"模式能够为公益诉讼制度的完善与发展提供一定的思路，因为在公益诉讼中也存在"同质"当事人众多、诉讼效率低下等现实问题。

（三）日本：住民诉讼与选定当事人

日本的住民诉讼制度以美国的纳税人诉讼制度为原型发展而来[1]，20世纪70年代，战后日本经济快速发展，同时带来城市人口密集、公害爆发等问题，居民运动此起彼伏，这种情况下政府更为重视居民福祉，住民诉讼制度便是其表现之一。住民诉讼制度设立的初衷是为了保障纳税人所缴纳税款的合理运用、保障纳税人权益，而从制度设计看来，住民诉讼也是日本民众监督行政机关行为、维护地方公益的重要手段。住民诉讼是指住民针对地方自治体财会上违法行为导致的公共资金支出、财产取得、财产管理与处分等，提出要求其改进、纠正的诉讼[2]，住民诉讼被规定于《日本地方自治法》第242条第2项当中，此中"住民"，需要满足以下两个条件：其一，起诉主体必须为地方共同团体居民；其二，该主体经过了前置的住民监察请求程序。住民监察请求程序是住民诉讼的前置程序，当地方共同团体成员发现地方行政机关的违法行为或者怠于履行职权等事实时，应当先向地方监察委提出住民监察申请，若地方监察机关未就此进行有效监督或是采取措施解决申请问题时，该主体方能向裁判所提起住民诉讼。虽然日本的住民诉讼制度并非专门的公益诉讼制度，其主要针对的也是政府不规范的财政行为，但从实践的角度出发，住民诉讼维护了当时日本社会的和谐稳定，在确保地方公共团体财务安全的同时，维护了社会公益。

虽然德国是日本在民事诉讼法方面的主要学习对象，但选定当事人制度却是英国代表人诉讼制度的"学习成果"。根据日本新《民事诉讼法》第29、30条的相关规定，选定当事人制度是指具有共同利益的多数人，可以

---

〔1〕 参见陈晴：《纳税人诉讼制度的域外考察及其借鉴》，载《法学评论》2009年第2期。

〔2〕 参见〔日〕木佐茂男、洪英：《日本住民诉讼制度的现状及课题——对中国村民自治等基层群众性自治的启示》，载《山东大学法律评论》第0期。

选定一人或者数人作为当事人代表全体进行诉讼，判决的效力及于选定当事人和所有选定人的诉讼制度[1]。与英国代表人诉讼相似，两者都属于由诉讼担当代表多数人进行诉讼，但不同之处在于，英国代表人诉讼中的"代表人"是由自己决定的，在产生方式上具有相对的独立性；而选定当事人制度，顾名思义，其诉讼代表是由具有共同利益的多数人共同选定产生的，从代表人与被代表人之间的关系角度出发，日本选定当事人制度更不具备关系破裂的前提。选定当事人制度要求一方或双方为多数人，且代表人与被代表人间有共同利益，对于这种"共同利益"，日本早期进行了严格限定，将其限于必要共同诉讼的范围内，因而排除了虽产生于同一侵害事实但无共有关系的受害者提起选定当事人诉讼的可能[2]，但在美国的集团诉讼当中便无此类要求。此外，集团诉讼的判决往往具有概括性、灵活性的特点，通常指出某个群体享有某种权利，应获何种赔偿，而在选定当事人诉讼的判决当中则会一一明确每一位当事人的权利事宜。可见，不论从适用范围以及程序规则来看，日本选定当事人制度虽然在一定程度上创设了本土群体性纠纷解决机制，但其实用性、便利性以及节约司法资源、提高诉讼效率的目的却没有得到充分实现。

---

〔1〕　参见薛永慧：《群体纠纷诉讼机制研究》，中国政法大学 2006 年博士学位论文。
〔2〕　参见肖建华：《群体诉讼与我国代表人诉讼的比较研究》，载《比较法研究》1999 年第 2 期。

第四章

环境侵权公益诉讼的管辖

环境侵权公益诉讼管辖规则的影响因素包括司法公正、诉讼便利以及诉讼效率。当前，我国环境侵权公益诉讼管辖规则尚存在诸多适用困境，例如，环境侵权公益诉讼的管辖相较于传统的司法管辖有较大的不同，因为环境要素的整体性、流动性、系统性，[1]导致环境侵权公益诉讼与传统的以行政区划为管辖基础的管辖制度不相适应：因为环境要素的流动性与整体性，导致环境侵权公益诉讼案件的侵权行为地、结果发生地往往跨越多个行政区划，如适用传统的以行政区划为基础的地域管辖制度就容易受到阻碍；不仅如此，在级别管辖上，环境侵权公益诉讼的一审适用于基层人民法院管辖还是中级人民法院管辖在学界也有争议，虽然法律已规定原则上适用中级人民法院，但仍是一个值得探讨的问题。而环境侵权公益诉讼制度的"支柱"包括级别管辖制度以及地域管辖制度，对于两者现行立法规定、实践状况、标准设定以及具体规则设置的研究，具有重要的理论与实践价值。

一、环境侵权公益诉讼管辖的影响因素

（一）司法正义

司法正义是影响环境侵权公益诉讼管辖规则的首要因素。其一，在影

---

[1] 参见余德厚：《跨行政区划环境资源案件的司法管辖制度研究》，载《法学杂志》2017年第2期。

响管辖制度的价值理念中，本就内含司法正义的理念，换句话说，尽量保证案件不致因受审的法院不同而导致审判结果的不同是管辖制度存立的基础之一。[1]若管辖制度的确立，会导致裁判的不统一或不公正，那其存在的基础就值得质疑，毕竟法院对案件的审理及纠纷的化解最终还是为了维护社会的公平正义，与这一初衷相违背，便失去了该制度存在的正当性基础。因此，同样属于管辖领域的环境侵权公益诉讼管辖，也必然不可缺少司法正义的指引，司法正义依然在环境侵权公益诉讼中发挥着重要作用。那为何称是首要，这就又要提及提起环境侵权公益诉讼的初衷，环境侵权公益诉讼不同于一般的民事诉讼，最明显的一点即是其维护的是社会公共利益乃至人类共同体的共有利益，与私主体提起的民事诉讼维护私益有很大的不同。因此对于法院而言，环境侵权公益诉讼更多考量的是包含法官自身在内的整个社会公民的利益，而非仅仅追求个人利益的维护，对社会公民整体利益而言，所追求的是利益的保护与公平的实现，不可让渡于任一私人（包括个人、国家机构、社会组织、团体等在内）利益。因为对私人利益而言，注重的是损害的补足，在满足了当事人利益补足要求的情况下，即使正义的天平稍有倾斜，当事人也能接受。但在环境侵权公益诉讼中，所要照顾的是大众的朴素正义感，不仅要实现利益的弥补，还需要兼顾正义价值理念的宣扬与实现，因为每个公民都是受害者，仅帮助民众实现物质上利益的补足，而未对其内心的正义感进行抚慰，该案件所带来的结果与社会影响对社会和法院的权威来说同样是不利的，因此，司法正义是环境侵权公益诉讼管辖规则所要考虑的首要因素。

其二，地方保护主义的现实藩篱要求环境侵权公益诉讼管辖规则应以实现司法正义为首要因素。环境侵权公益诉讼易受地缘因素干扰，原因在于其挑战目前不合理的法律制度或政策、大公司等组织的不合理行为，提出具有普遍意义的社会与法律问题，敦促政府履行生态环境保护等方面的

---

[1]　参见王亚新：《民事诉讼管辖：原理、结构及程序的动态》，载《当代法学》2016年第2期。

职责。[1]因此即使是在中央生态环保进行督察的情况下，仍有不少地方政府弄虚作假，导致地方法院面临更大的地缘因素压力。[2]针对上述在地方法院存在的现实问题，可以发现，地方保护主义在环境公益诉讼中尤为严重，因其往往涉及地方利税大户，法院面临着政府的巨大压力。因此在考虑环境侵权公益诉讼管辖规则时，对该问题的解决应当重视，应仍把实现诉讼的司法正义价值放在首位，因为该诉讼为特殊的环境侵权公益诉讼，其保护的不仅是当下利益，更注重的是未来长远的代际利益、人类利益，即使是对纳税大户，仍应不枉不纵，以人民长远利益为导向，通过诉讼的司法正义来实现。

（二）诉讼便利

在首先考虑了如何实现司法正义之后，接下来所要考量的因素便是如何实现诉讼便利。诉讼便利包含两层含义：其一是指方便法院审理案件，其中包括诉前的便利，如财产保全的便利；诉中的便利，如调查证据、查明事实的便利；以及诉后的便利，如判决执行的便利等。其二是指方便当事人提起诉讼、参加诉讼（简称"两便原则"[3]）。诉讼便利本质上体现的是诉讼成本负担的问题，便利与否，一定程度上会影响被侵权人是否选择诉讼的途径来寻求自己的利益弥补；即便法律上赋予了被侵权人各种权利，甚至多种诉讼方式来维护自己的利益，但所要负担的诉讼成本又会成为被侵权人争取利益的一大考量因素。因为诉讼程序的完备性与严谨性，判决注重证据的真实性、合法性、关联性等因素，被侵权人所要负担的诉讼成本远不止货币成本，还包括时间成本、精神成本、人力成本等，部分被侵权人在多方衡量下，甚至会因为成本过高或者收益过小而选择放弃采取诉讼的方式来维护自己的权益。因此，在环境侵权公益诉讼中，对于原

〔1〕 参见黄金荣：《走在法律的边缘——公益诉讼的理念、困境与前景》，载《法制与社会发展》2011年第4期。

〔2〕 参见《为何环境公益诉讼叫好不叫座?》，载《中国环境报》2015年3月31日，第8版。

〔3〕 参见王亚新：《民事诉讼管辖：原理、结构及程序的动态》，载《当代法学》2016年第2期。

告诉讼成本的控制，应尽可能地降低，而对于诉讼成本的降低，即体现在诉讼程序上更便利原告，这样才能更好地帮助环境侵权公益诉讼的原告保护公共利益。

诉讼便利原则体现在环境侵权公益诉讼的管辖上，便是在最大程度上方便原告提起诉讼的同时，也便利法院进行事实调查与事后的判决执行（如恢复性司法中生态恢复措施的实施）。环境侵权公益诉讼作为公益诉讼的一种，其自身的特殊性在于运用私法的程序保护公法强调的公共利益，因此完全按照私法程序的规章制度必然不能让环境侵权公益诉讼发挥应有的效果，在诉讼程序中的管辖制度设计上，应偏袒于原告一方，减少原告的诉讼负担，在 2020 年修正的《公益诉讼的解释》中已显现这一理念，虽未在管辖上有所体现，但笔者认为可以考虑在管辖的制度设计上适当偏向原告方，当然这都是在确保司法正义的前提下考虑的因素之一。

（三）诉讼效率

在保证司法正义与诉讼便利的前提下，也要兼顾诉讼效率。常言道，迟到的正义非正义，尤其是对于环境侵权公益诉讼而言，侵权人所造成的损害后果是长期的、具有深远影响的，且生态环境的恢复周期长，短时间内难以恢复原状，故在环境损害、生态损害出现端倪的早期，就应及时将其扼杀，及时补救，以给生态环境尽可能少地造成不可逆的损害，对此，有学者甚至提出在行为人行为没有造成实际损害存在损害危险时，即可要求行为人承担预防性责任。[1]因此，在环境侵权公益诉讼中，诉讼效率也是管辖制度设计应当着重衡量的因素之一。诉讼效率原则在管辖制度领域从某种意义上来说是诉讼便利原则的延伸，或者说是后发的，即只有在便利了当事人双方参与庭前程序、参加庭审、方便庭后执行等诉讼的进行时，法官查明事实做出判断的时间才能相应地缩短，证据的提交才能更加便捷充分，相应地诉讼进程也会加快，从而效率才能提高。

在管辖制度设计上要提高环境侵权公益诉讼的诉讼效率，应该从以下

---

〔1〕　参见丁海俊：《预防型民事责任》，载《政法论坛》2005 年第 4 期。

几个方面考虑：一是管辖确定的法院便于双方当事人参与诉讼的进程、便于法院的审理，并应将便于双方当事人的诉讼放在首位。因为环境侵权公益诉讼在当前适用的诉讼程序下，仍是以民事诉讼的程序为基准，并未制定特殊的诉讼程序；以民事主体提起环境侵权公益诉讼为主，检察机关提起为兜底，故应当首先考虑方便双方当事人参与诉讼，这样更有利于双方当事人及时有效地参与诉讼。二是在不同的民事主体基于同法律事实和法律关系向不同法院提起诉讼时，法院的管辖应当交由与案件事实最密切联系的法院一并审理。依据民事诉讼法的规定，应当交由最先受理的法院审理，但这并未考虑到环境侵权公益诉讼的实际情况，环境侵权公益诉讼案件相较其他民事诉讼案件更为复杂，在事实、损害、因果关系的认定上都非常依赖于损害发生地的具体状况，经常需要法官实地考察才能更好地了解案件实际情况，故在一并审理的管辖法院选择上，应当优先考虑与事实最密切联系地的法院管辖，这样在案件事实上调查得越快，诉讼效率也就相应地提升。

二、环境侵权公益诉讼的管辖困境

当前的环境侵权公益诉讼管辖制度并不完备，虽原则上由中级人民法院负责一审，但在必要时，仍可报请高级人民法院交由基层人民法院一审，且在地域管辖上并未根据环境侵权公益诉讼的特点做出相应的转变，虽然各地区在试点对环境侵权公益诉讼进行集中管辖，但法律上仍未明确，故环境侵权公益诉讼的管辖仍存在立法缺失、司法适用混乱、管辖标准不统一的问题，本章将进行细化梳理。

（一）立法缺失

环境侵权公益诉讼管辖制度立法上仅充分考虑了公益诉讼的特点，未充分考虑其还属于环境侵权纠纷案件的特点，导致立法上未依据环境纠纷案件特点对环境侵权公益诉讼的管辖进行特殊规定。2020 年《公益诉讼的解释》第 6 条规定，第一审环境民事公益诉讼案件由污染环境、破坏生态行为发生地、损害结果地或者被告住所地的中级以上人民法院管辖。中级人民法院认为确有必要的，可以在报请高级人民法院批准后，裁定将本院管辖的第一审环境民事公益诉讼案件交由基层人民法院审理。同一原告或者不同原告对同一污染环境、破坏生态行为分别向两个以上有管辖权的人民法院提起环境民事公益诉讼的，由最先立案的人民法院管辖，必要时由共同上级人民法院指定管辖。由上述规定可知，最高人民法院在《公益诉讼的解释》中针对环境侵权公益诉讼涉及的人民利益重大、案件影响重大、公众高度关注等特点对环境侵权公益诉讼的一审进行了提级管辖，不同于一般的公益诉讼纠纷，如大部分行政公益诉讼仍由基层人民法院负责一审。该举措意欲明显，即通过提级管辖体现了把关涉人民利益更重大、影响更深远的第一审案件交由级别更高的法院受理和审理的审慎态度，这与我国法院的级别越高，人力、物力及专业技能等资源的配置投入就更集中，其审判的质量也更易得到信任的一般情况相一致。[1]但该规定仅考虑到了环境侵权公益诉讼作为公益诉讼的特点，而未体现其作为环境侵权诉讼的特点，譬如环境侵权纠纷案件中环境要素的流动性与损害范围的广泛性导致侵权行为发生地与损害结果所在地关涉的法院众多，因此导致拥有管辖权的法院也众多，如此一来便容易发生管辖权冲突的问题，虽然第6条的规定表明是由先立案的法院来管辖，但这样规定仅为了方便法院内部事务的处理，即管辖权的分配，未充分考虑到关涉人民重大利益的环境侵权公益诉讼司法正义的实现，这与前述提级管辖的做法又相矛盾，在该问题的解决上，可以考虑规定损害危险发生地或损害结果发生地作为专属管辖区域，因为公益诉讼的目的是停止侵害，维护好人类赖以生存的生态环境，以损害危险发生地或结果发生地作为专属管辖的法院所在地，更有利于制止侵害，恢复生态；这样一来便减少了拥有管辖权的法院数量，使管辖权纠纷发生的可能性降低，同时还有利于判决之后的恢复性执行措施对生态损害地的生态恢复。

---

〔1〕 参见王亚新：《民事诉讼管辖：原理、结构及程序的动态》，载《当代法学》2016年第2期。

（二）司法适用混乱

刑事附带环境侵权公益诉讼案件的级别管辖存在司法适用混乱局面。当前环境诉讼集中管辖制度并未完备建立，2020年《公益诉讼的解释》第6条规定的提级管辖仅仅满足了提高法院管辖级别的需要，并未考虑到附带诉讼中与其他诉讼管辖级别相衔接的问题，2020年《公益诉讼的解释》第7条虽赋予了高级人民法院确定中级人民法院集中管辖的权力，但整体的集中管辖制度及司法实践尚不完善，因此在刑事附带环境侵权公益诉讼的案件中，就会存在管辖混乱的局面。最高人民法院、最高人民检察院《关于检察公益诉讼案件适用法律若干问题的解释》第20条规定了刑事附带民事公益诉讼制度。[1]司法实践中，刑事案件绝大部分集中在基层人民法院审理，特别是破坏环境资源犯罪领域，几乎很难满足刑事案件在中级人民法院一审的条件，故在"先刑后民"的司法惯性下，就会产生刑事附带环境侵权公益诉讼的案件究竟是适用中级人民法院一审还是基层人民法院一审的问题。

行政附带环境侵权公益诉讼的级别管辖亦存在司法适用混乱的问题。如前所述，同样的问题在行政诉讼中也存在，虽然《关于检察公益诉讼案件适用法律若干问题的解释》未规定行政附带环境侵权公益诉讼的诉讼制度，但在司法实践中已存在，且被最高人民检察院以指导性案例的形式确定下来，据不完全统计，有限个案中亦存在级别管辖的差异问题。[2]因此，不难看出，在附带环境侵权公益诉讼领域，环境侵权公益诉讼是否依然能实现提级管辖的初衷，目前来说较为困难。在无法实现提级管辖的情况下，就会导致附带环境侵权公益诉讼与常规的环境侵权公益诉讼所受理的管辖法院级别不一，破坏了环境侵权公益诉讼案件管辖的一体性，仅因附带于不同性质的诉讼，就产生如此大的管辖差异，容易导致司法管辖制

---

〔1〕 参见林海伟等：《环境公益诉讼集中管辖：理论基点、制度缺陷与完善路径》，载《环境保护》2020年第10期。

〔2〕 参见林海伟等：《环境公益诉讼集中管辖：理论基点、制度缺陷与完善路径》，载《环境保护》2020年第10期。

度适用的混乱，损害环境侵权公益诉讼司法管辖制度的内在和谐。但这一问题并非不能解决，只能寄望于尽快完善集中管辖制度，确定集中管辖环境侵权公益诉讼案件的法院，那么在一定区域内只要涉及环境侵权公益诉讼的案件，无论是常规的环境侵权公益诉讼还是刑事或行政附带环境侵权公益诉讼，都交由该地区的基层人民法院管辖，即放弃提级管辖，因为提级管辖的目的也是提高审判机关的专业性，在集中管辖的制度下，被指派管辖环境侵权公益诉讼案件的法院本身也具有很强的专业性，即便在未提级管辖的情况下，法院也具有专业的审判能力，案件的审判质量亦有保证。

（三）管辖标准不一

在环境侵权公益诉讼集中管辖制度尚未完备的情况下，各高级人民法院在确立辖区内中级人民法院受理一审民事案件的标准不统一，即在确定集中管辖的人民法院时考量的价值标准不同，因而导致各法院管辖的标准不同。集中管辖是指将分散在各级人民法院管辖的环境案件集中交由少数的、审判力量较强的、设有环境资源专门审判机构的法院管辖，其管辖范围对传统行政区划进行了突破，是以生态系统和功能区作为单位进行划定。[1] 根据这一定义，集中管辖的功能是突破传统的地缘因素，以方便当事人诉讼及法院对生态系统和功能区的保护，部分法院被划定为该区域环境纠纷类案件集中管辖的法院，即依据生态功能区的划分标准，如贵州省于 2007 年在清镇市、仁怀市、遵义市、福泉市、普安县 5 个基层法院设立环保法庭，他们的上诉法院为所在市（州）中院。省高院环境审判庭负责审理不服上述中院判决的案件；通过指定管辖的方式，指定前述中级法院和基层法庭在确定的司法保护板块内，对跨行政区划（指市、州）的民事、刑事、行政案件实行集中管辖。[2] 但在漳州中院采取的管辖标准却不

----

〔1〕　参见余德厚：《跨行政区划环境资源案件的司法管辖制度研究》，载《法学杂志》2017年第 2 期。

〔2〕　参见贵州省高级人民法院：《探索集中管辖 推进公益诉讼》，载《人民司法》2015 年第23 期。

同，漳州中院是通过设立巡回法庭的模式来实现环境类案件的集中管辖，其设立的标准在于考虑案件审判的专业性，保证案件司法正义的实现，与前述贵州省考虑的以生态功能区来划分，及时维护生态功能区的生态利益这一标准不同。还有部分法院的划分依据是法院受理的便利性，即以方便法院审理为首位，据此加快纠纷的解决，从而实现生态环境的有效保护。由此可见，被指定为集中受理环境类案件的法院所考量的价值因素并不统一，打破了集中管辖以生态功能区为定位的制度理念，当然这也与部分法院本就无特别的生态功能区有关，但又为了彰显一定的政绩，便设立了本不用设立的专门的环境审判机构。若干地方环境资源审判庭收案有限甚至陷入无案可审的尴尬境地。[1]因此，对于管辖标准不统一的问题，应当回归集中管辖设立之初的本质，以保护生态功能区为唯一划分标准，在该价值因素的指导下确定在生态功能区内适合审理一审环境侵权公益诉讼案件的法院，毕竟无论是集中管辖制度的确立，还是环境侵权公益诉讼制度的确立，均是为了更好地保护生态环境，以延续人类的长远发展。

三、环境侵权公益诉讼的级别管辖

民事诉讼管辖制度中最重要的是级别管辖和地域管辖两部分内容，这两部分内容先后解决了案件由哪一层级的法院管辖与确定层级之后由哪一具体地区法院管辖的问题，这是从管辖作为法院内部事务管理的角度来设置管辖制度的，首先是因为在法院体系内有必要对案件负担的均衡分布进行事务上的管理的逻辑是一致的。[2]因此具体到环境侵权公益诉讼管辖制度设计中，也不例外，对于环境侵权公益诉讼管辖制度的设计，首先考虑的是由哪一级法院来负责一审案件的管辖问题，也即本节所需探讨的环境

〔1〕 参见孙佑海：《对当前环境资源审判若干问题的分析和对策建议》，载《人民法院报》2014 年 9 月 17 日，第 8 版。

〔2〕 参见王亚新：《民事诉讼管辖：原理、结构及程序的动态》，载《当代法学》2016 年第 2 期。

侵权公益诉讼级别管辖。

（一）级别管辖的立法规定

根据 2020 年《公益诉讼的解释》第 6 条与第 7 条的规定，现行环境侵权公益诉讼的一审级别管辖法院原则上为中级人民法院，在有必要时，报本辖区高级人民法院批准可交由基层人民法院一审。虽然 2020 年的《公益诉讼的解释》是沿袭了 2015 年《公益诉讼的解释》的规定，但在 2015 年《公益诉讼的解释》出台之前，级别管辖制度上法律及司法解释并未对环境侵权公益诉讼进行特别规定或解释，即便是在 2012 年修正的《民事诉讼法》中规定了环境侵权公益诉讼的情况下，也仍未对环境侵权公益诉讼的级别管辖作出特殊规定。[1]因此可以默认的是，在 2015 年《公益诉讼的解释》出台之前，环境侵权公益诉讼的一审级别管辖仍是沿用传统的级别管辖规定，即非在中级人民法院管辖范围的案件均由基层人民法院管辖。而在传统的中级人民法院管辖的案件范围中，除了由最高人民法院确定的由中级人民法院管辖的案件外，其他所属管辖的案件都需具有重大影响这一因素，即要么案情复杂，要么社会影响重大、涉及人数众多，要么诉讼标的金额较大，对于其他重大因素影响而发生的提级管辖，在司法实践中几乎不存在。[2]且在 2021 年最高人民法院发布的《关于调整中级人民法院管辖第一审民事案件标准的通知》中直接将中级人民法院管辖诉讼标的金额提升到 1 亿元以上（当事人一方住所地不在受理法院所处省级行政辖区的），而对于大部分环境侵权公益诉讼案件来说，诉讼标的金额并不能达到这个标准。

因此可以看出，在 2015 年及 2020 年的《公益诉讼的解释》中将环境侵权公益诉讼提升到中级人民法院管辖一审案件，其体现更多的是以下几个方面的考量：第一，提升案件审判的专业性，从而提高审判质量。中级

---

〔1〕 参见湛念：《论环境公益诉讼的地域管辖》，载《中南林业科技大学学报（社会科学版）》，2014 年第 6 期。

〔2〕 参见王亚新：《民事诉讼管辖：原理、结构及程序的动态》，载《当代法学》2016 年第 2 期。

人民法院相对于基层人民法院而言，其在审判人员素质、审判力量集中、财政资金支持等方面有更明显的优势，有利于法院在处理一些重要案件时持以更加严谨和审慎的态度，对法律的适用更为准确，从而做出更加服众的判决，有利于维护好环境侵权公益诉讼的审判权威。第二，为契合推进生态文明建设和美丽中国伟大目标的实现的发展战略，坚持法律为政治服务。环境侵权公益诉讼作为生态环境保护非常重要的一环，对其重视必然高于一般公益诉讼，其不仅服务于国家大方向的发展方针，还深刻影响着个人的生态环境利益（故有学者倡导推动环境权的发展[1]），提级管辖有利于国家战略的实现和人民利益的保护。第三，为了更好地保护生态环境，平衡好代际正义。提级到中级人民法院管辖，无疑可以增加环境侵权公益诉讼案件审判的专业性与严谨性，也更能消解地缘因素对案件产生的影响，且法官的职权调查能力亦更强，这些都能导致原告拥有更强力的方式证明侵害人实施了生态侵害行为并造成了相应的损害结果，一定程度上扭转了传统环境侵权案件中原告处于弱势地位的局面，从而更好地在实体上和程序上，实现环境侵权公益诉讼案件的司法正义，从而更好地维护生态平衡与代际公平。

（二）级别管辖的实践探索

环境侵权公益诉讼在管辖制度上的探索，最突出的是集中管辖制度的探索，在级别管辖的实践探索中，通过提级管辖帮助环境侵权公益诉讼完成了纵向的集中管辖模式。[2]2007 年开始，部分中级人民法院通过设立环境资源审判庭的方式对环境保护案件进行集中管辖，比如贵阳市中级人民法院在其辖区内设立清镇环境资源审判庭、无锡市中级人民法院在其辖区内设立无锡环境资源审判庭等跨行政区划集中管辖的审判法庭。[3]但在进

---

〔1〕 参见邓思清：《论建立公益诉讼制度的必要性和可行性》，载《西南政法大学学报》2007 年第 1 期。

〔2〕 参见林海伟等：《环境公益诉讼集中管辖：理论基点、制度缺陷与完善路径》，载《环境保护》2020 年第 10 期。

〔3〕 参见张忠民：《建立与行政区划适当分离的环境资源案件管辖制度》，载《环境保护》2014 年第 16 期。

行环境公益诉讼集中管辖的实践探索中，出现了环境资源审判庭级别管辖上下不对接的问题。因为设立环境资源审判庭实现集中管辖的目的就在于体现审判环境公益诉讼案件审判机构的专业性，从而保证司法正义与利益维护的实现，因此不仅要求一审法院彰显审判组织的专业性，上诉法院也要设立相应的专业性环境保护审判组织，这样才能一体实现环境公益诉讼的审判专业性，否则就是形式意义大于实质意义。

但根据统计，即便经过八年来如火如荼的发展，截至2016年6月，全国有27个省、直辖市、自治区在其三级地方法院系统内设立环境资源审判庭、合议庭和巡回法庭550个，其中环境资源审判庭182个，专业合议庭359个，巡回法庭9个。部分法院积极探索环境资源民事、行政与刑事案件统一由一个审判机构审理的"二合一"或者"三合一"归口审理模式。[1]这就导致在环境公益诉讼中，上下级法院之间的环境资源案件的审判组织不对接、环境公益诉讼级别管辖上混乱的问题。[2]尤其是中级人民法院负责审理环境公益诉讼的一审案件，其上诉法院的专业性很难保证。不过在2015年《公益诉讼的解释》明确了中级人民法院作为环境公益诉讼一审案件管辖法院之后，根据最高人民法院发布的《中国环境资源审判（2021）》，截至2021年年底，全国共设立环境资源专门审判机构和审判组织2149个，其中环境资源审判庭649个（包括最高人民法院、29家高级人民法院、新疆生产建设兵团分院、158家中级人民法院及460家基层人民法院），人民法庭215个，审判团队（合议庭）1285个。可见，在之后的几年发展之中，对上诉法院的环保审判机构和审判组织的设立有了更好的保障，这是环境侵权公益诉讼管辖制度一步步司法实践的结果，同时也解决了起初因为分开设立，没有形成体系造成环境侵权公益诉讼级别管辖的混乱问题，也实质上解决了环境侵权公益诉讼难以达到专业性审判的

---

〔1〕　刘子阳："最高法：建黑名单让违法者承担无形责任"，http://www.dxswzfw.gov.cn/Show/191796，最后访问日期：2023年11月20日

〔2〕　参见徐平等：《论我国环境法庭的困境与出路》，载《吉首大学学报（社会科学版）》，2014年第4期。

问题。

(三) 级别管辖的确定标准

环境侵权公益诉讼级别管辖的确定标准应考虑环境类案件的特殊性，以便实现司法正义、保护环境利益为确定标准，而不以案件标的额及当下是否有重大影响为标准。民事诉讼级别管辖划分不同审级法院主要是以案件是否有重大影响为标准，[1] 不过在现实的司法实务中，区分不同层级法院之间级别管辖其实往往适用另一项更加重要的指标，即案件标的额的大小。[2] 在环境侵权公益诉讼中，级别管辖制度的确定是否也以上述标准为参照，值得考虑。一方面，对于环境侵权公益诉讼而言，其涉及的是公共利益，与一般民事诉讼所代表的私益不同，在某种程度上来说，公共利益是无法用货币来衡量的，需要着重考虑人民的利益，人民的利益亦不是简单的货币就能明确的，故在环境侵权公益诉讼中，用标的额的大小来确定环境侵权公益诉讼的级别管辖标准并不妥当。另一方面，环境侵权公益诉讼还具有环境类纠纷的特点，如前所述，环境类侵权纠纷容易受地缘因素干扰，以及环境要素的流动性与整体性会导致拥有管辖权的基层人民法院众多，如果仅以案件是否有重大影响为环境侵权公益诉讼级别管辖的标准，一是不可避免因地方保护主义而导致部分案件在基层人民法院得不到司法正义的实现，进而无法维护好生态环境利益及公民的环境权[3]；二是仅以案件是否具有重大影响为管辖标准会导致未达到重大影响标准的环境侵权公益诉讼交由基层人民法院管辖，但又因对环境侵权纠纷类案件拥有管辖权的法院众多，因此又会导致后续发生管辖权冲突的问题，需要通过指定管辖、移送管辖等方式来解决，严重影响环境侵权公益诉讼的诉讼效率。但若不以案件是否具有重大影响为标准，而直接将此类案件提级到中级人民法院管辖，便可因法院辖区范围的扩大而减少后续管辖冲突问题

---

〔1〕 参见余德厚：《跨行政区划环境资源案件的司法管辖制度研究》，载《法学杂志》2017年第2期。

〔2〕 参见王亚新：《民事诉讼管辖：原理、结构及程序的动态》，载《当代法学》2016年第2期。

〔3〕 参见蔡守秋：《论环境权》，载《金陵法律评论》2002年第1期。

的发生。

因此，对于环境侵权公益诉讼的级别管辖，以诉讼标的额及案件是否有重大影响为管辖标准均不尽合适，以实现司法正义、便于保护环境利益为级别管辖标准，将环境侵权公益诉讼提级到中级人民法院管辖无疑是更好的选择。毕竟一方面涉及人民的公共利益，另一方面又涉及国家长远发展的国家利益，将环境侵权公益诉讼案件提级到中级人民法院管辖，不仅便于保障案件审判的公正性，将地方保护主义的干扰降到最低，而且是对人民利益保护这一政治属性的重要体现。

（四）级别管辖的具体设置

法律上对级别管辖的具体设置已有规定，根据 2020 年《公益诉讼的解释》，原则上由中级人民法院管辖，有必要时，可报请高级人民法院批准，交由基层人民法院管辖。但法律上的规定并不阻止理论上的探讨，在 2015 年《公益诉讼的解释》出来之后，就有学者认为提级管辖并不妥当，仍应由基层人民法院管辖，保证管辖法院的专业性即可。[1]其基于三个理由：一是违背公益诉讼与三种基本诉讼类型的黏合性。公益诉讼并非一种独立、纯粹的诉讼类型，公益与私益交织其中。于内，公益诉讼有民事、行政的界分；于外，公益诉讼与相应的私益诉讼难以截然切割，刑事诉讼也是一种公益诉讼。不同的诉讼形式存在诸多相同的利益诉求与程序规则，具备相互协作、发挥合力的基础。仅将环境侵权公益诉讼提级管辖会导致三大诉讼在衔接上无法保持一致，从而加重制度内耗。二是与国家治理重心下沉的要求相悖逆。治理重心下移并非简单的资源下沉与权力下放，而应是国家主导下的基层治理乃至城市治理体系的系统性重构，[2]公益诉讼实行以基层为起点的同级集中管辖更能契合这一要求。三是增加上级法院的负荷，与其职能定位不符。"一刀切"式的提级管辖不仅加重了

〔1〕 参见林海伟等：《环境公益诉讼集中管辖：理论基点、制度缺陷与完善路径》，载《环境保护》2020 年第 10 期。

〔2〕 参见容志：《推动城市治理重心下移：历史逻辑、辩证关系与实施路径》，载《上海行政学院学报》2018 年第 4 期。

中级人民法院的审判压力，也使得二审、再审、部分一审案件上移，打破了现有审判资源的平衡，增加了重新配置的压力，也与上级法院重在审判调研、指导的定位有所冲突。[1]

在具体级别管辖的设置上，笔者仍支持现行法律规定，因此对以上质疑予以回应：第一，对于公益与私益交织的案件，摒弃把环境侵权公益诉讼置于刑事诉讼、行政诉讼之后的思维惯性便能较好解决该问题。根据现行《民事诉讼法》的规定以及三类案件证明标准的逻辑层次，似乎把属于民事诉讼的环境侵权公益诉讼顺位后并无不合理之处，但其实忽略了环境侵权公益诉讼本身的特殊性，环境侵权公益诉讼虽是运用私法的诉讼程序来实现公共利益，但仍未改变本质上是在维护公法上的利益（包括人民的利益、集体利益、国家利益），因此在地位上，环境侵权公益诉讼与刑事诉讼、行政诉讼应是相等的；证明标准逻辑层次上虽是顺畅的，但对于环境侵权公益诉讼而言，环境污染与生态破坏持续时间越久，环境越难修复，生态越难恢复平衡，故无法等待其他诉讼结束之后再审理环境侵权公益诉讼，所以即使证明标准逻辑上是顺畅的，想借此来节约司法资源，未免因小失大。第二，将一审案件下沉至基层人民法院与中级人民法院两级法院，有利于两者更好地分工配合，且中级人民法院本就负责一部分一审案件的管辖，故从某种意义上来说，其也属于基础治理中心的一部分，并不与国家希望治理中心下沉的理念相违背，反而有利于两者协作治理。第三，中级人民法院功能定位并不仅限于审判调研，其也相应地处理一部分较为重要的诉讼案件，因此其定位应是审理案件与指导下级人民法院审判并重；而且将环境侵权公益诉讼提级到中级人民法院管辖并不会给予中级人民法院较大的审判压力，在 2021 年的环境侵权公益诉讼案件数据统计中显示，全年提起环境侵权公益诉讼的数量仅 5917 件，占全年环境资源类案件总数的 2% 不到，剔除环境侵权行政公益诉讼，环境侵权公益诉讼的占比就更小了，因此将环境侵权公益诉讼一审案件的管辖上移到中级人民法

---

〔1〕　参见林海伟等：《环境公益诉讼集中管辖：理论基点、制度缺陷与完善路径》，载《环境保护》2020 年第 10 期。

院，是与中级人民法院的功能定位相称的。

四、环境侵权公益诉讼的地域管辖

环境侵权公益诉讼管辖制度的另一支柱便是地域管辖，地域管辖解决的是由何地法院管辖的问题。环境侵权公益诉讼中，学界普遍倡导以生态功能区为划分依据实现环境侵权公益诉讼的集中管辖，即不再依据传统的行政区划作为地域管辖的标准，而是以生态功能区为单位，在生态功能区范围内确立某个或某几个法院作为该生态功能区环境类案件的管辖法院，这类似于海事法院以流域划分管辖范围的管辖模式，但具体与海事法院管辖模式有所不同，且也有学者质疑此类模式。具体应该如何理解环境侵权公益诉讼地域管辖的规定、确定标准及设置问题，将在下文进行详细阐释。

（一）地域管辖的立法规定

环境侵权公益诉讼地域管辖的立法规定在 2015 年的《公益诉讼的解释》中予以明确，第一审环境侵权公益诉讼案件由污染环境、破坏生态行为发生地、损害结果地或者被告住所地的中级以上人民法院管辖。分析该规定可知，对环境侵权公益诉讼地域管辖的规定属于特殊地域管辖的范畴，即除了适用"原告就被告"这一"一般地域管辖原则"外，还承认其他地域的法院对该类案件也拥有管辖权。根据规定可以看出，对一审环境侵权公益诉讼案件拥有管辖权的法院不仅包括被告住所地，还包括行为发生地与损害结果地，对行为发生地与损害结果地的增加，并无异议，增加该两类地域法院的管辖反倒符合环境侵权公益诉讼的特点，因为选择侵害行为发生地与损害结果地均有利于法院对案件事实的调查，也有利于事后对生态环境的修复，有利于发挥法院的职权，加强职权主义在环境侵权公益诉讼中的作用。

但对于以特殊地域管辖的方式确定环境侵权公益诉讼的地域管辖，并不比直接用专属管辖的方式确定环境侵权公益诉讼的效果好，换言之，应当把被告住所地这一选择剔除，仅保留污染环境、破坏生态行为发生地与损害结果地。专属管辖是指特定种类的案件由特殊地域的法院专门管辖，排除其他地域法院的管辖权，如现行《民事诉讼法》第 34 条规定的"因继承遗产纠纷提起的诉讼，由被继承人死亡时住所地或主要遗产所在地人民法院管辖"便属于专属管辖。之所以倡导这种模式，是因为专属管辖相比特殊地域管辖而言，其所选择的范围更小，管辖的法院更为固定，特殊地域管辖是在尊重一般地域管辖的基础上对其进行的弹性调整，是对部分案件因一般地域管辖导致的诉讼负担分配不平衡所进行的重新分配；但在环境侵权公益诉讼中，所要考虑的并非给予诉讼双方当事人更多法院选择的问题，管辖法院可供选择的多与少对于提起环境侵权公益诉讼的环保组织、政府机构抑或检察机关而言影响并不大，因为上述组织或机构、机关提起环境侵权公益诉讼的落脚点仍是要回归对生态环境的保护。或许有人反驳，选择合适的法院降低该组织、机构、机关提起环境侵权公益诉讼的诉讼成本也能更好地帮助国家维护生态环境。但事实并非如此，选择被告住所地的法院管辖若只是单纯地利于原告起诉，事实上在另一方面增加了管辖法院法官查明事实的成本，最终很有可能导致整体的诉讼成本没有降低，反而增加了；若是选择被告住所地正好能便利法院审理，又能降低原告的诉讼成本，一般而言，该被告住所地法院应当也属于侵害行为发生地或损害结果地法院，即两者发生了重叠，那么此时规定被告住所地法院管辖权的意义也就不复存在。综上，应当剔除被告住所地法院，这样可以让环境侵权公益诉讼的管辖法院更为固定，便于被固定的管辖法院对环境侵权民事公益类案件审判经验的累积，审判日益专业化，从而使之更准确高效地解决环境侵权民事公益类的诉讼纠纷。

（二）地域管辖的实践探索

环境侵权公益诉讼地域管辖的实践探索主要集中在集中管辖方面。从贵州省于 2007 年设立的清镇环保法庭伊始，各地各种形式的环保审判机构、审判组织相继设立，如漳州中院设立的生态巡回法庭，也是一个专门的环保审判机构，自身为初审法院，高级人民法院为上诉法院。刚开始于基层人民法院设立环境资源审判庭的做法受到了一定的质疑，主要原因是于法无据，根据当时的《民事诉讼法》及相关规定，基层人民法院可设立刑事审判庭、民事审判庭和经济审判庭，而对于设立环保审判庭，法律尚无明确授权。[1]但这一问题并未阻碍基层人民法院环保审判机构和环保审判组织的设立，后续在基层人民法院设立的环境资源审判庭的做法仍屡见不鲜，可见当时对生态环境保护的重视及在环境保护类案件中探索集中管辖制度的决心是不言而喻的。以致在现行的《中华人民共和国人民法院组织法》中修改了对基层人民法院设立审判庭的规定，变更为"人民法院根据审判工作需要，可以设必要的专业审判庭"。据此，基层人民法院设立环保审判庭的法律障碍也被消除了，并且在2020年《公益诉讼的解释》中，第7条第1款规定，经最高人民法院批准，高级人民法院可以根据本辖区环境和生态保护的实际情况，在辖区内确定部分中级人民法院受理第一审环境侵权民事公益诉讼案件。由此可见，司法解释把环境侵权公益诉讼集中管辖制度探索的司法实践以明文的方式确定下来，从最初的试行建议变成了如今的制度条文，可以想象集中管辖模式在环境侵权公益诉讼地域管辖中的重要性无可比拟。集中管辖以生态功能区为划分标准，既有专属管辖模式的特点，又有自身集中管辖的优势，确实对于环境侵权公益诉讼而言，非常契合其集中司法资源审判环保案件、提高审判专业性与实现司法正义的诉讼价值和诉讼理念，应继续予以探索与推广。

（三）地域管辖的确定标准

环境侵权公益诉讼地域管辖的确定标准与级别管辖一致，仍应以实现案件审判的司法正义，维护生态环境为标准来确定由最有利于实现这一目的的法院来管辖。在这一标准下，原告就被告原则在环境侵权公益诉讼管辖领域可能就不再适用了。因为原告就被告原则基本的合理性在于，试图启动诉讼程序利用司法公共资源，并把被告置于耗费成本进行防御之地位的原告，其自身有必要首先付出一定的代价或在某种程度上先行承受诉讼成本的负担；对于被告所在地的法院来讲，也可能有易于向被告送达、可

---

[1]　参见张一粟：《环境审判庭是否"超生"?》，载《环境》2008年第7期。

就地进行财产保全或现场勘验等便利。[1]而一方面，环境侵权公益诉讼领域，原告启动诉讼程序利用司法公共资源目的并不是谋求自身的利益，利用司法公共资源本身是为了维护环境公益，因此环境侵权公益诉讼是利用公益追求公益的过程，完美诠释了取之于民、用之于民的司法理念，因此是否仍需要对原告苛求先付出一定的代价才能提起环境公益诉讼，值得考虑；另一方面，因环境侵权公益诉讼环境要素流动性强等特点，对于案件的审判便利不能仅着眼于被告的诉讼便利，应当注重案件整体的审判便利，显然被告住所地单纯地更有利于被告的诉讼便利，若要存在也便利法院及原告的情况下，那么该被告住所地法院大概率也是与污染环境、生态破坏行为地或损害结果地法院相重合，被告住所地相较另外两地的法院来说，显然对整体案件的审判并无更多便利之处。综上，原告就被告原则并不适合作为环境侵权公益诉讼的管辖标准。

保证案件的客观公正审理必然优先于诉讼当事人的选择自由，因此这也决定了环境侵权公益诉讼的地域管辖标准应以实现案件审判的司法正义、维护生态环境为指引。现行法的规定是以赋予原告多种选择来帮助原告能更好地提起环境公益诉讼，事实上，对于环境公益诉讼，本身特点导致拥有管辖权的法院就不少，通过增加被告住所地这一方式并不能提供很大增益，反而容易导致管辖法院的不集中，造成专门的环境审判机构或审判组织无法在案件受理上形成集中效应，进而不能更好地在不断的审判中积累经验，塑造更具专业性的审判机构或审判组织。且对于实现案件的公正审理而言，侵害行为发生地与损害结果地法院能更好地帮助法官查明事实，追求真相，从而做出公正公平的判决。据此，环境侵权公益诉讼对于原告而言，无须更多的选择自由，需要更多的是保证案件客观公正审理的有利条件，因此仅保留污染环境、破坏生态行为地与损害结果地作为地域管辖法院更为合理。

---

[1] 参见王亚新：《民事诉讼管辖：原理、结构及程序的动态》，载《当代法学》2016年第2期。

（四）地域管辖的具体设置

在以实现环境侵权公益诉讼案件司法正义、维护生态环境利益为确定地域管辖标准的前提下，环境侵权公益诉讼的地域管辖内容应设置为：第一审环境侵权公益诉讼案件由污染环境、破坏生态行为发生地或者损害结果地的中级以上人民法院管辖。如前所述，如此设置是为了更好地实现案件的客观公正审理，对于被告住所地所带来的自由选择与诉讼便利，于环境侵权公益诉讼而言并非当下所需。当下对环境侵权公益诉讼地域管辖规则的确定，更多地需要对地域管辖法院的固定化，避免任意化，这样不仅是对环境侵权公益诉讼赋予更加审慎的态度，也有利于环保审判机构或审判组织专业化的提升，毕竟审理环境类案件所需要的科学与技术知识、因果关系是否完成初步证明的认定、损害估值的认定等对案件有重要影响的因素都需要专门的法官在审判经验中进行总结，在内心形成更为客观合理的内心确信。地域管辖法院设置上的固定化有利于这一目标的实现，因此在环境侵权公益诉讼管辖的具体设置上，笔者认为应当减少地域管辖法院的选择，仅保留有利于案件事实公正审理的污染环境、生态破坏行为地与损害结果地法院作为地域管辖法院。

第五章

环境侵权诉讼的证明责任

环境侵权诉讼证明责任作为解决环境侵权类纠纷规范的重要组成部分，在环境侵权诉讼中有着举足轻重的地位。环境侵权诉讼证明责任是在环境侵权案件中侵权要件事实处于真伪不明状态时，对法官进行案件裁决的指引，是法官做出判断的具有普遍指导意义的规范依据。其对象是侵权要件事实，具体包括侵权行为、损害后果、因果关系，而本质属于环境侵权诉讼中要件事实真伪不明的风险负担。环境侵权诉讼证明责任的分配原则包括公平正义原则、合目的性原则以及武器平等原则，而分配制度则有环境侵权行为的证明制度、损害结果的证明制度与因果关系的证明制度，在考察环境侵权诉讼证明责任分配原则与制度时，应着重把握立法者意图，方能更准确地对其进行完善。环境侵权诉讼证明责任的减轻是指在原有的一般的证明责任（谁主张，谁举证）分配规则基础上，出于某一价值判断或价值考量，适当降低一方当事人的证明标准或减少一方当事人的证明责任；而环境侵权诉讼证明责任的免除，具体表现在制度规范中即为对过错这一侵权事实要件证明责任的免除，两者都是在"证明危机原则"这一证明责任分配原则指导下构建的。

一、环境侵权诉讼的证明责任

传统意义上的证明责任分为行为责任与结果责任，但其实这并不对应德国证明责任理论上的主观证明责任与客观证明责任，部分学者通常会把行为责任、结果责任与主观证明责任、客观证明责任对应起来，这就导致证明责任的概念模糊不清，外延不明，如此便会造成证明责任规范不成体系，概念混乱，李浩教授作为中国证明责任研究的权威与代表，完成了其证明责任理论的自我反思与修正。[1]在法教义学上，概念作为认识规范，把握规范的前提，是值得提前予以准确界定的问题，在明确环境侵权诉讼证明责任规范之前，应先明晰环境侵权诉讼证明责任的含义与外延。证明责任在大陆法系经历了多种学说的论争，最终胜出成为理论通说的是由罗森贝克首创、其弟子施瓦布继承并经再传弟子普维庭修正发展的"规范说"。[2]因此，本节也是在"规范说"的理论框架下对环境侵权诉讼证明责任进行阐释的。

（一）内涵

首先应当明确的是，环境侵权诉讼证明责任只有在环境纠纷类案件审理过程中，对于侵权要件事实在穷尽所有证明手段和法律规范之后仍无法证明该要件事实处于真还是伪的状态，才需要环境侵权诉讼证明责任来解决这一问题。但我国司法实践却是在诉讼证明过程中遇到证据短缺导致事实判断困境时使用证明责任手段来化解事实认定困境。[3]对于要件事实的证明，在法治社会较早时期，通常认为要件事实只处于真和伪两种状态，而真伪不明的状态是被特殊的法律规定或者法官被赋予较大的自由裁量权所掩盖了，所以导致长期以来实体法规范并未对真伪不明的状态予以重视。随着大陆法系对证明责任理论认识的深入，第三种要件事实状态——真伪不明状态得到了关注，并从特殊的法律规定中解脱出来，慢慢成为具有普遍性的一般性规则，而不再是局限于个案的具体适用，不再依赖法官的自由裁量。德国的现代证明责任理论所推崇的"规范说"即把证明责任规范视为对实体法规范的补充，是在追求要件事实在真伪不明状态下与要件事实为真或伪一样的裁判效果，这也是罗森贝克构想证明责任理论的初

---

〔1〕 参见李浩：《我国民事诉讼中举证责任含义新探》，载《西北政法学院学报》1986 年第 3 期。

〔2〕 参见胡学军：《证明责任制度本质重述》，载《法学研究》2020 年第 5 期。

〔3〕 参见胡学军：《证明责任制度本质重述》，载《法学研究》2020 年第 5 期。

衷，因此，从这个意义上说，证明责任理论是对原有实体法规范司法漏洞的弥补，是对事实处于真伪不明状态下裁判指引的补充，完善了法官在裁判时的规范依据。

据此，环境侵权诉讼证明责任是对环境侵权案件中侵权要件事实处于真伪不明状态时，对法官进行案件裁决的指引，是法官做出判断的具有普遍指导意义的规范依据。传统观点认为"行为意义上的证明责任指的是主观的证明责任，结果意义上的证明责任指的则是客观的证明责任"，[1]但其实两类涵义相去甚远。我国学界也逐渐达成共识，证明责任与在诉讼过程中当事人提供证据意义上的行为责任，应采用不同语词加以区分。[2]因此，环境侵权诉讼证明责任本质上是指环境侵权的客观证明责任，环境侵权的主观证明责任只是环境侵权客观证明责任的表象，客观证明责任中所指称的客观，因"客观性"在存在论上表征着独立性与自主性、确定性与必然性，在认识论上指示着精确性、普遍性、有效性，在社会影响上意味着正当性与合法性，[3]所以客观证明责任给裁判提供的指引是一般意义上的，具有普遍适用性，而不是具体意义上的，其功能在于统一法律的适用，而不再是法官个人自由裁量权的具体应用。

（二）对象

环境侵权诉讼证明责任的对象即侵权要件事实，具体包括侵权行为、损害后果、因果关系。根据《民法典》第 1229 条之规定，因污染环境、破坏生态造成他人损害的，侵权人应当承担侵权责任。因此，环境侵权类案件适用无过错责任原则，即过错已经不属于环境侵权诉讼证明责任对象的范围。对于过错这一要件事实的调整，实质上也属于环境侵权诉讼证明责任规范的调整，目的是摆脱这一疑难事实的证明与认定，只是在现行的环境侵权诉讼证明责任规范中不再把过错作为证明责任的对象来看待，因

---

〔1〕 李浩：《证明责任的概念——实务与理论的背离》，载《当代法学》2017 年第 5 期。

〔2〕 参见任重：《论中国"现代"证明责任问题——兼评德国理论新进展》，载《当代法学》2017 年第 5 期。

〔3〕 参见田方林：《论客观性》，载《四川大学学报（哲学社会科学版）》2012 年第 4 期。

此过错虽然不再是环境侵权诉讼证明责任规范的对象，但也是环境侵权诉讼证明责任规范调整的结果。

在这三个证明对象中，最易出现真伪不明状态的即因果关系的认定。相对而言，侵权行为和损害后果呈现一定的外观性，换言之，即大部分案件中，能通过肉眼所看见的事实予以证明，其复杂性并不明显。例如某环境污染企业通过排放污水到河流，河流流经被侵权人的鱼塘，造成了鱼虾的死亡。在这个例子中，可以很直观地看到侵权行为的产生，即排污行为，被侵权人通过拍照、河流水质取样、污水取样、鱼塘水质取样就能证明侵权行为这一要件事实，同理，损害后果也较易证明，死亡的鱼虾便是事实。但对于因果关系而言，在这个案例中，并不能肉眼可见地证明因果关系这一要件事实，因果关系是侵权行为与损害后果之间的联系，其并不具有外观性，而是内含在侵权行为与损害后果的联系之中，需要通过一定的科学技术手段或者生活经验、生活常识予以判断，因此，这就导致在生活经验、生活常识无法做出判断，同时科学技术水平有限的情境下，对因果关系的认定便很容易陷入真伪不明的状态之中，因为其并没有显而易见的外观性，因此陷入其中的概率相较而言便大幅上升。在现行解决环境侵权纠纷的相关规范中，对这一情况也有所体现，如因果关系举证责任倒置规则的产生，正是将因果关系的举证责任转嫁给证明能力更强的侵权人，以减少事实要件处于真伪不明的情况发生，从而更好地保护被侵权人的利益（因为根据《民事诉讼法》的相关规定，事实要件处于真伪不明状态时，即视为不存在）。因果关系自身的复杂性相较侵权行为与损害后果也更为强烈，这也导致了因果关系处于真伪不明状态的比例更高。在侵权行为污染环境过程中，往往不是直接性地造成环境污染与生态破坏的损害后果，而是先通过污染环境介质，如河流、湖泊、土地等，再通过被污染的河流、湖泊等造成被侵权人的损害，因此从这个意义上说，环境侵权过程相较普通侵权过程，其历经的要素更多，"行程"更长，其间可能影响因果关系建立的因素便会增加，进而导致法官在判断环境侵权行为与环境损害后果之间是否存在因果关系所可能出现的情况也更为复杂，据此因果关系出现真伪不明状态的可能性便会上升。

（三）本质

环境侵权诉讼证明责任的本质属于环境侵权诉讼中要件事实真伪不明的风险负担。很长一段时间以来，我国学界曾将当事人提供证据行为意义上的"行为责任一元论"当成证明责任本位论，[1]也有学者将证明责任定位为"事实判断的辅助方法"，[2]或者"民事裁判的基本方法"，[3]但学界通说基本认同证明责任的本质属诉讼"风险负担"。[4]在德国现行的证明责任理论下，证明责任的本质也是指案件要件事实真伪不明时的败诉风险。由于现代诉讼不允许法官在事实模糊时拒绝裁判，所以事实真伪不明时的法律适用只能不利于诉讼当事人一方。这种风险是一种客观存在，它不因当事人的诉讼态度或举证行为而改变，根本不是某种行为所附带的"结果"，因此其性质是"客观"的，此即证明责任之所指。[5]具体到环境侵权诉讼中，环境侵权诉讼证明责任亦逃脱不了这个属性，本质上也是在当事人从诉讼开始到诉讼终结前，无法对一要件事实的状态证明到真或伪的状态，使之处于真伪不明时，所应承担的败诉风险。但需要注意的是，这一真伪不明的状态并不是当事人所能左右的，当事人积极举证只是基于趋利避害的动机而采取的必要行动，是对胜诉结果的追求，虽然改变不了客观上存在败诉风险的事实，但一定程度上可以降低败诉风险转化为实在的败诉结果。

二、环境侵权诉讼证明责任的分配

环境侵权诉讼证明责任的分配，本质上是实体法规范背后的价值考量问题，即立法者的价值取向决定了环境侵权诉讼证明责任分配的原则，从

---

〔1〕 参见段文波：《民事证明责任分配规范的法教义学新释》，载《政法论坛》2020年第3期。

〔2〕 参见肖建国、包建华：《证明责任——事实判断的辅助方法》，北京大学出版社2012年版，第1页。

〔3〕 参见肖建华、王德新：《证明责任判决的裁判方法论意义——兼评传统证明责任观之谬误》，载《北京科技大学学报（社会科学版）》2005年第2期。

〔4〕 参见常怡主编：《民事诉讼法学》，中国政法大学出版社2005年版，第205页。

〔5〕 参见胡学军：《证明责任制度本质重述》，载《法学研究》2020年第5期。

而根据原则推导出具体的制度。因此，在考察环境侵权诉讼证明责任分配原则与制度时，应更着重考察立法背后的意旨，如此才能更准确地把握环境侵权诉讼证明责任原则与制度的构建，从而更好地在司法实践中发挥作用。

（一）证明责任的分配原则

在理论上，证明责任的分配原则存在多种学说：一是"盖然性原则"，是指立法者将所要调整的法律事实出现的盖然性作为证明责任分配的标准，将盖然性低的对象作为证明责任分配的对象，而非将盖然性高的对象作为证明责任分配的对象。[1]二是"证明危机原则"，在当代证明责任理论中，所谓"证明危机原则"，是指根据证明的难易决定证明责任的分配，免除证明困难一方的证明责任，并将之交由对方承担。[2]三是"消极事实原则"，是指消极的事实不是证明对象，积极的事实才是证明对象。此外，当代证明责任原则的理论还有"危险领域原则""损害归属原则""进攻者原则"等。[3]上述证明责任原则学说是在对整个证明责任制度探究的基础上形成的，具体到环境侵权制度中，环境侵权的证明责任原则学说采用的是"证明危机原则"这一理论学说，但"证明危机原则"对环境侵权诉讼证明责任规范的指导为宏观上的指导，具体到环境侵权诉讼证明责任分配制度中，应拆解为公平正义原则、合目的性原则与武器平等原则来解释证明危机原则在环境侵权诉讼证明责任制度中的运用，具体阐释如下。

1. 公平正义原则

公平正义原则是环境侵权诉讼证明责任分配的核心原则，也是环境侵权诉讼证明责任分配制度存在的应有之义，意指在环境侵权诉讼中，应当保证诉讼双方当事人得到公平的对待，并且败诉风险的分担也应为保证当事人的公平正义服务。在司法实践中，客观上存在侵权人与被侵权人举证能力差异巨大，被侵权人需按照传统的侵权构成要件证明权益被侵害，相较被侵权人提出反证要难得多，甚至会出现证明困难的情况。据此，为避

[1]　参见胡东海：《民事证明责任分配的实质性原则》，载《中国法学》2016年第4期。
[2]　参见〔德〕普维庭：《现代证明责任问题》，吴越译，法律出版社2006年版，第351页。
[3]　参见〔德〕普维庭：《现代证明责任问题》，吴越译，法律出版社2006年版，第245页。

免因实质举证能力差异而导致的被侵权人承担的败诉风险更大，在证明危机原则的指导下分配环境侵权诉讼证明责任，首先应当考虑的是如何更好地实现诉讼双方当事人之间的公平正义，即既能较好地维护被侵权人的合法权益，又不致使侵权人陷于过度不公平的情境，从而避免过度承担不应负的侵权责任。因环境侵权诉讼不同于环境公益诉讼，其本质上还是注重个人权益的保护，若保护对象为环境公益，那即使牺牲部分个人权益来保护大众所享受的环境权益，在某种程度上来说并不为过，甚至在必要时期应当是鼓励，以此打击对环境公益的侵害行为；但环境侵权诉讼毕竟为私益诉讼，所以对环境侵权诉讼中个人权益的保护，即使存在"证据偏在"的情况，对其的保护也应适当，保护过度会致使另一方当事人的利益受损，反而违背了环境侵权诉讼证明责任制度维护公平的初衷。譬如刚开始环境侵权诉讼证明责任制度对侵权人因果关系不负任何证明责任的规定，导致在环境侵权诉讼中，被侵权人证明责任的负担过轻，造成司法实践对这一规定的抵制适用，导致这一因果关系证明责任倒置规则实质上被虚置。后续在制度发展过程中，对这一规定进行了修正，要求被侵权人应对侵权行为与损害后果之间存在的因果关系进行初步证明，即证明侵权行为与损害后果之间存在因果关系的可能性。由此，可以看到，环境侵权诉讼证明责任制度的原则应当以公平正义原则为首要，这是其他原则的前提和基础。

2. 合目的性原则

合目的性原则要求环境侵权诉讼证明责任制度既要体现维护被侵权人的合法权益，又有利于生态环境保护的双重目的，该两种目的正是环境侵权诉讼证明责任制度所体现出的立法者的价值选择。环境侵权虽说以维护个体的私益为目标，但在维护环境侵权私益的同时，其实也一并保护了环境利益和生态利益，而环境利益、生态利益代表的是大众的公共利益。换句话说，即使是在环境侵权诉讼这种私益诉讼中，因环境的整体性、系统性、交互性特点，不可避免地会涉及环境、生态公益的问题，在某种程度上，于环境侵权诉讼中，环境私益与环境公益是很难分割的。因此，这种顺带对环境、生态公益的保护体现在立法选择上，即是对生态环境的保护，既是对事实的认可，又是对国家实现生态文明的战略的一次政策考量。环境侵权的特殊性在于，其不仅会危害公民的人身权益和财产权益，还会潜在地对未来人类生存的生态环境产生长期的影响，并随着时间的延长而放大。因此，在环境侵权的特点以及国家的可持续发展要求下，在环境侵权诉讼证明责任制度的构建中，就应当既体现维护被侵权人的人身、财产权益，又有利于生态环境保护。若仅考虑对被侵权人的利益维护，在诉讼权利的逻辑上就会自相矛盾，因为个人的环境权益来自国家疆域内乃至全球范围内的整体环境权益，个人的环境权益产生于整体环境权益当中，没有整体的环境权益，相应地也不可能产生个人的环境权益；个人之所以能够以人身权益、财产权益受损提起环境侵权诉讼，从而享受更低的证明责任负担，绝不是仅仅因为其人身权益、财产权益受损，否则就是普通侵权，适用一般的侵权责任构成要件，而是在其人身权益、财产权益受损的同时，相应的环境介质也受到侵害，并以生态环境利益受侵害的形式表现出来；没有环境介质的受损，环境侵权诉讼就无法显现出其独有的复杂性、长期性、潜伏性特点，进而也就无法导致被侵权人证明危机的产生。因此环境侵权诉讼案件中，私益与公益紧密相连，这就要求环境侵权诉讼证明责任制度要体现生态环境保护与个人权益维护的双重目的。

3. 武器平等原则

武器平等原则在环境侵权诉讼证明责任制度中表现为侧重对证据收集和运用能力上处于弱势地位的被侵权人的保护，以减少被侵权人因证据收集和运用能力上的差距而导致理应胜诉的案件走向败诉。侵权要件事实处于真伪不明状态时，并不当然地将败诉结果归于一方，当事人在主观证明责任的激励下，仍然有将客观存在的败诉风险扭转为胜诉结果的空间，这也是主观证明责任存在的意义。在环境侵权诉讼案件中，因侵权人与被侵权人双方举证能力的差距，必然导致两者在环境侵权诉讼中武装不平等，且主观证明责任的激励变相扩大了这种差距的存在，诉讼双方当事人都会为诉讼的胜利穷尽手段，而处于优势地位的侵权方便日益占据优势。因此在环境侵权诉讼证明责任制度的构建中，应当更加偏袒被侵权一方，将更多的败诉风险转移给侵权方来承担，以弥补当事人双方实质上的诉讼武器不平等的问题。

立法者理应注重对弱势一方的保护，这是实现司法公平正义的要求之一，倘若放任武器不平等的双方在当事人主义模式下诉讼而不进行任何干预，便会造成财力、权力、社会地位等强化其证据收集和运用能力的一方获得更大的胜诉机会，从而造成实质的司法不公，弱势一方的利益则得不到应有的保障。环境侵权诉讼中，前述已提到，双方举证能力差距较为明显，因此在设计环境侵权诉讼证明责任制度时，应让举证能力强的一方承担更多的举证义务，即让侵权人承担更多的举证责任。例如在现行的环境侵权诉讼证明责任制度内，对因果关系不存在的举证义务就分配给了侵权方，被侵权方只负有初步的因果关系可能性的举证义务，而不承担因果关系确定性的举证义务。

（二）证明责任的分配制度

环境侵权诉讼证明责任分配制度是在环境侵权诉讼证明责任分配原则指导下进行的具体化形式，环境侵权诉讼证明责任分配制度对应其分配对象来进行划分，因而包括侵权行为的证明、损害后果的证明以及因果关系的证明三部分内容，对于被侵权人而言，对这三部分的证明都存在一定的困难，只是难易程度有所不同，故在各原则指导下所形成的具体的分配制度虽适用同一原则但也会相应地有所差别，具体如下。

1. 环境侵权行为的证明

要对环境侵权行为的证明责任进行分配，前提应界定环境侵权行为的含义。因环境侵权行为与传统意义上的侵权行为不同，其所具有的复杂性、长期性、隐蔽性等导致环境侵权行为不易认知与界定。单从事实评价来看，环境侵权行为是一个整体的生活事实，[1]意指行为人通过对人类生产生活环境要素、生态环境要素的破坏造成他人人身损害、财产损害的行为。但其并非一个纯粹的事实评价要件，其本身还附着法律的价值评价，抑或是立法者的价值选择，在环境污染侵权方面这一表征并不明显，但在

---

［1］ 参见胡学军：《环境侵权中的因果关系及其证明问题评析》，载《中国法学》2013年第5期。

生态破坏领域较为凸显，例如某工厂选址不当造成工厂周边地区生态失衡，持续暴雨导致江河水位上涨造成工厂周边的鱼塘损失惨重，此种情况下，可否把工厂选址不当这个行为作为环境侵权行为来看待呢？根据《民法典》的规定，破坏生态造成他人损害的，侵权人应当承担侵权责任，因此，可以看出，法律评价上也把破坏生态行为纳入了环境侵权行为的范畴。在破坏生态行为自身具有模糊性、所含范围极广的情况下，立法者仍将生态破坏行为纳入环境侵权行为的范畴，便是在保护经济利益与生态利益之间选择了后者，因为污染环境行为已经成为众矢之的，对其的打击并无争议，且行为边界随着诉讼的发展也较为明确，但对于生态破坏行为，只要是破坏生态平衡的行为皆可纳入进来，现行理论对其边界界定不清晰，概念也处于模糊状态，因此将生态破坏行为纳入环境侵权行为的范畴可谓立法者对于生态环境的保护这一利益的绝对价值倾向。综上，环境侵权行为是指污染环境或破坏生态造成他人损害的行为。

在明确环境侵权行为含义背景下，环境侵权行为的证明不必考虑该行为的违法性，原告证明该行为存在不适性即可；加害行为的不适性不仅包括行为违反法律性文件、国家或地方相关环保标准的规定，还包括损害公共利益和违反公共道德。[1] 之所以如此分配证明责任，是因为在部分环境侵权诉讼中，侵权人确实遵守了相应的排污标准并具有完备的排污设施，但在排放时因与其他企业所排的也是合法合理的污水发生化学反应，进而导致了严重的环境污染，其中任一企业的污水排放都不会造成环境污染问题，在这种情况下，坚守排污行为的违法性便会导致两个企业都无须承担侵权责任，因为在侵权行为要件上就不构成违法排污行为这一事实；但此种处理结果，一方面造成被侵权人的利益无法维护，只能个人来承担损失；另一方面，造成环境污染和生态破坏的客观事实，也需要国家来负担相应的生态环境修复责任，而作为事实侵权人的企业却无须承担责任。这显然是不合理的，况且要求被侵权人对侵权人行为的违法性承担证明责任

――――――――――

〔1〕　参见徐桂芹：《论环境侵权诉讼证明责任的分配》，载《山东社会科学》2010 年第 8 期。

也是不适宜的，因此，在环境侵权行为的证明责任分配上，宜要求被侵权人证明侵权人侵权行为的不适性即可，不宜再苛求行为的违法性。在上述的例子中，虽然行为人的排污行为并无违法性，但是其确实侵害了公共利益，因为沿岸的居民都会受到污染河流的影响，且在"蝴蝶效应"的影响下，甚至还可能造成更大范围的损害，可以看到，行为的不适性可以更好地解决侵权行为人污染环境、破坏生态的问题，也有利于维护好个人权益，守住国家的绿水青山。

2. 损害后果的证明

对于损害后果的环境侵权诉讼证明责任分配，主要考量的是损害后果的证明范围。即什么是损害后果，潜在的损害危险是否可认定为损害后果的范围，如果可以，又是基于什么考量？针对第一个问题，通常认为，损害后果是指一定的行为致使权利主体的人身权利、财产权利以及其他利益受到损害，并造成财产利益和非财产利益的减少或灭失的客观事实[1]，若严格按照这一定义，损害后果必然不包括损害危险，仅包括实在的、客观上已经发生的损害事实。但在环境侵权领域，必须考察环境侵权独有的特点，除了在环境侵权行为造成的损害比较严重时损害后果是直接性出现以外，还有部分慢性的环境侵权行为往往对损害的发生不是一蹴而就的，而是随着时间的推移一步一步显现，而且即使是在损害后果直接性出现的侵权案件中，也会遗留后续慢性污染、慢性生态破坏的损害后果，而这在当时的诉讼过程中是无法直接显现的，也是法官在司法实践中难以认定的难题。若不把损害危险纳入损害后果的范畴，对于被侵权人而言，只有当后续慢性污染、生态破坏导致损害后果再次直接显现时，才能对一部分损害重新提出请求，如此不仅重复司法程序，重复事实的调查，浪费大量的司法资源，还会导致本可以在损害危险存在时就能够阻止的环境污染、生态破坏结果，演变成实质的环境污染，反而与环境侵权诉讼证明责任制度所要维护生态环境的理念背道而驰，增加了对生态环境的破坏。因此，王

---

〔1〕 参见杨立新编著：《侵权损害赔偿案件司法实务》，新时代出版社1993年版，第38页。

明远认为，在特殊侵权行为中，即使尚未造成损害，但有发生损害的现实危险时，当事人也要依法承担民事责任。[1]笔者也赞同这一观点，尤其是在涉及的利益不仅仅是个人权益的环境侵权这一特殊的侵权类型中，更应体现对存在损害现实危险的环境侵权行为的惩罚。将环境侵权损害现实危险纳入环境侵权损害后果的范围，实质性地增加被侵权人提起诉讼的权利基础，既在司法上减轻法院负担，优化司法资源的利用，又在生态环境的保护上，也更契合应有的以保护为目的的司法理念。

3. 因果关系的证明

环境侵权因果关系的证明责任应由被侵权人负担初步的因果关系可能性的证明责任，进而推定因果关系成立，在因果关系推定成立的基础上，由侵权人承担因果关系不存在的证明责任。环境侵权中因果关系证明责任的分配是环境侵权诉讼案件的证明核心，关系到原被告双方谁承担败诉风险的问题，向来也是环境侵权领域讨论的重点，因此，如何分配侵权人与被侵权人的证明责任便成为重中之重。因举证的过程存在时间的前后顺序差，即应先由原告对自己的主张承担相应的证明责任，进而再由被告方举证进行反驳，这样的顺序差就会导致真伪不明这一客观存在的事实状态，由原告一方承担过大的败诉压力，因为判断环境侵害所需要的技术性及其局限性，不但使受害人难于说明其原理，即使是相对处于技术设备与知识优势一方的加害人也往往对此没有很好的认识与把握。[2]而被侵权人作为先举证的一方，若要求被侵权人对因果关系承担过高的证明责任，便会导致大部分实际受侵害的被侵权人在维权伊始就大概率走向了败诉的结果。

因此，为改变这一现状，立法者对环境侵权因果关系的证明责任重新进行了分配，2001年最高人民法院公布的《关于民事诉讼证据的若干规定》（已被修改，以下简称《民诉证据规定》）中，对环境侵权举证责任分配做了进一步明确，在第4条第1款第3项规定："因环境污染引起的损

---

〔1〕　参见王明远：《环境侵权救济法律制度》，中国法制出版社2001年版，第407页。

〔2〕　参见叶明、吴太轩：《试论环境侵权因果关系的认定》，载《广西政法管理干部学院学报》2001年第4期。

害赔偿诉讼，由加害人就法律规定的免责事由及其行为与损害结果之间不存在因果关系承担举证责任"，后续 2009 年公布的《侵权责任法》（已废止）第 66 条也重申了这一规定。[1]很明显，立法者将环境侵权因果关系主要的证明责任分配给了侵权方，被侵权方几乎对因果关系不承担任何证明责任，但随着环境纠纷类案件司法实践和理论的发展，在 2015 年的《公益诉讼的解释》中又新增了被侵权方承担"侵权行为与损害后果之间关联性"的证明责任的规定，至此，证明责任的天平在原被告双方之间分配得愈加合理。显然，立法者仍然偏向加重对侵权方的责任加码，一方面是因为侵权方拥有更优势的证据收集和运用能力，加重其举证责任与其举证能力相对应，另一方面也是基于加强生态环境保护的政策考量，提高被侵权人的胜诉率，从而进一步避免高污染、高破坏企业忽视污染防治与生态破坏行为。综上，当前的环境侵权因果关系证明责任体系是对原被告之间责任分担不断改进的结果，既符合被侵权人的期待，也客观上保护了生态环境，应继续以现在的证明责任体系为准。

三、环境侵权诉讼证明责任的减轻与免除

环境侵权诉讼证明责任的减轻与免除在制度上来说，主要涉及的内容与环境侵权诉讼证明责任的分配并无二致，是环境侵权诉讼证明责任分配规范的一体两面，环境侵权诉讼证明责任的减轻与免除主要是从诉讼当事人一方的视角去分析环境侵权诉讼证明责任的制度构成、背后法理以及价值意义，而环境侵权诉讼证明责任的分配更多涉及双方的责任分配问题，分析对双方的利弊影响，从而总结出更为合理的证明责任分配理论与规范。具体到本节的环境侵权诉讼证明责任的减轻与免除，根据现行《民法典》《民事诉讼法》及相关解释的规定，环境侵权诉讼证明责任的减轻与免除是从被侵权方这一视角来考察的，所涉及的内容也主要是对被侵权方在部分侵权要件事实上证明责任的减轻和免除。

---

〔1〕 参见胡学军：《环境侵权中的因果关系及其证明问题评析》，载《中国法学》2013 年第 5 期。

（一）证明责任的减轻

通常来说，环境侵权诉讼证明责任的减轻也受环境侵权诉讼证明责任分配原则的影响。环境侵权诉讼证明责任的减轻是指在原有的一般的证明责任（谁主张，谁举证）分配规则基础上，出于某一价值判断或价值考量，适当降低一方当事人的证明标准或减少一方当事人的证明责任。而该价值判断或价值考量的基础就受限于环境侵权诉讼证明责任分配所适用的原则，当然分配原则并不像规则一样以"全有全无"的方式适用，在该制度构建中可同时适用多个原则，因此不同的侵权构成要件事实可适用不同的原则来保证证明责任分配的合理性。在确定各侵权要件事实具体适用的证明责任分配原则之后，立法者就将其转化为具体的制度规范，以供法官作为裁判的依据，但证明责任分配原则的确定并不总是一帆风顺的，理论界也有过激烈的争论。

现行环境侵权诉讼证明责任规范中，环境侵权诉讼证明责任的减轻主要是指对因果关系这一要件事实证明责任的减轻，故笔者认为，在该要件事实上所适用的环境侵权诉讼证明责任原则是"证明危机原则"。因果关系对于被侵权方来说，确实是个棘手的问题：一是被侵权方并不如侵权方一样便于收集证据材料，被侵权方又往往是养殖户、种植户等经济实力、文化程度相对较低的群体，这就导致被侵权方在实际维权中不仅很难收集证据，即使在收集到证据之后也很难运用好现有的证据，发挥其应有的证据效果，因此，对于被侵权方来说，证据收集的能力与运用能力都远不如侵权方。二是环境侵权中的因果关系认定极为困难，一方面环境侵权因果关系的认定经常需要借助科学知识、科技手段或医学知识等较为专业的知识来进行判断，作为文化程度相对较低的被侵权方，其有效运用这些知识的能力极其微弱，甚至没有；另一方面，从实践中看，在环境污染案件事实认定中，鉴定结论起着决定性作用，因果关系的判断很少会运用到其他证据，[1]而鉴定费用因为鉴定过程的复杂性、成本高等因素动辄上

---

[1] 参见吕忠梅等：《中国环境司法现状调查——以千份环境裁判文书为样本》，载《法学》2011年第4期。

百万，对于经济实力较薄弱的被侵权方，鉴定费用的昂贵导致被侵权方往往无力支付，进而实质上造成被侵权方在因果关系认定方面的举证能力不足，且法官往往对此也无能为力，因为法院也无法承担这一高昂的鉴定费用。

因此，总的来说，让被侵权方来证明因果关系的成立是极为困难的，将环境侵权因果关系的证明责任交由被侵权方独自承担，显然不公，客观上会造成实质的司法不公，所以根据"证明危机原则"的要求，对证明困难的一方应当免除其证明责任。于是在最初的环境侵权诉讼证明责任构建中，确实也是免除了被侵权方的因果关系证明责任，但在司法实践中却遭到了抵制适用，原因在于对环境侵权因果关系证明责任倒置规则的认识不清，故进而转向因果关系推定规则，即要求被侵权方对因果关系的证明承担初步的证明责任，完成初步的证明责任便推定因果关系成立。因此，现行因果关系认定规范虽然是在"证明危机原则"指引下构建的，但并无免除证明困难一方，即被侵权方的证明责任，而是大幅度减轻了其对因果关系的证明责任。在减轻被侵权方的环境侵权诉讼证明责任之后，被侵权方对于环境侵权因果关系的证明就容易很多，因只需要证明环境侵权因果关系的可能性（现行理论及司法实践也将当前被侵权方所要证明的因果关系可能性称之为关联性），而这种可能性在证明标准上体现为低度盖然性。低度盖然性是相对于证据法上高度盖然性标准而言的，最高人民法院《关于适用〈中华人民共和国民事诉讼法〉的解释》（以下简称《民诉解释》）第 108 条第 1 款规定了对负有举证责任的当事人一般适用高度可能性的证明标准，因可能性与盖然性含义相同，"盖然性"是指某个事物存在或者发生的"可能性"，所以"高度可能性"可以称为"高度盖然性"。[1]因此，"低度盖然性"是指事物存在或发生的"较低可能性"。为合理降低被侵权人对环境污染责任、生态破坏责任构成要件事实的证明负担，平衡

---

[1] 参见邵明、李海尧：《我国民事诉讼多元化证明标准的适用》，载《法律适用》2021 年第 11 期。

被侵权人与侵权人之间的利益关系，关联性宜为"低度盖然性"，[1]这已成为理论界与实务界的一个共识，问题在于如何在环境侵权纠纷的司法实践中认定较低可能性的标准，它与高度可能性的核心区别又是如何呢？

从某种意义上说，环境污染物及破坏行为与损害结果之间的客观关联并不等同于法律上所认定的关联性，特别是在审判过程中，法律上所认定的关联性在没有具体严格规则要求下更取决于法官的内心确信，而在客观事实上这种关联性可能存在也可能不存在。根据弗洛伊德人格结构理论，每个法官都拥有不同的人格结构，或本我强大，或自我强大，或超我强大，所以寄希望于法官的内心确信在某种程度上来说并不可靠，还有可能因为微小的裁判不一而引发巨大的舆论风暴。因此应当用推定可能性来定义极低的可能性，即当污染物、次生污染物、破坏生态行为产生后，仅需证实损害结果随之发生或加重，便可推定两者之间存在关联性，具体解释为：（一）该污染物到达损害发生地，或者受害人接触了该污染物；（二）该污染物到达之后或者该污染源存在之后，损害结果才发生或者加重。[2]该推定并非环境侵权纠纷中因果关系的推定，而是关联性推定，因关联性的证明标准低于"因果关系"的证明标准，所以此类推定标准低于因果关系的推定标准。具体而言，对于因果关系来说，存在多因一果、多因多果的情况，所以需要考虑其他因素来认定侵权行为与损害结果之间的因果关系推定是否成立；但关联性的推定则不需要考虑其他因素，无论是多种关联性导致一果或多种关联性导致多果的情况下，均不讨论被侵权人因素占比多少，均推定侵权行为与损害结果之间存在关联性，此时对于被侵权人来说已经完成关联性的举证责任。低度可能性与高度可能性的核心区别是是否需要充分证据证明"可能性"的存在，低度可能性只需要适当证据证明上述两个要件存在即可推定关联性成立，而高度可能性则不仅需要充分证据证

---

〔1〕 参见薄晓波：《论环境侵权诉讼因果关系证明中的"初步证据"》，载《吉首大学学报（社会科学版）》2015 年第 5 期。

〔2〕 参见傅贤国：《环境民事公益诉讼证明责任分配研究》，载《甘肃政法学院学报》2015年第 3 期。

明上述两个要件存在，还应证明侵权行为与损害结果存在确切的具体联系。

（二）证明责任的免除

环境侵权诉讼证明责任的免除也是在"证明危机原则"这一证明责任分配原则指导下构建的，因此环境侵权诉讼证明责任意指环境侵权要件事实在一方发生证明困难或无法证明时，证明困难一方直接不负该要件事实的证明责任。环境侵权诉讼证明责任具体表现在制度规范中即为对过错这一侵权事实要件证明责任的免除，换言之，传统侵权案件的侵权构成要件为过错、侵权行为、损害后果、因果关系这四个要件，但在环境侵权领域，被侵权人不再负担过错的证明责任，侵权人无论有无过错，在满足其他构成要件的情况下均需承担侵权责任。在环境侵权领域，被侵权人适用的无过错责任，也有学者称之为严格责任或危险责任。当然，称谓的不同并不影响其本质上是一样的，[1]都是免除了过错这一要件事实证明责任的承担。如同"证明危机原则"而言，被侵权人对侵权人主观上存在过错是难以证明的，原因在于：一是过错本身就是主观与客观结合的产物，主观上表现为故意，故意又包括直接的故意和放任的故意，客观上表现为过失，过失是通过行为人侵权行为样态以及与损害后果之间的联系来显现的。因此，过错这一主观与客观结合的产物，本身的证明难度就不低，更不用说在环境侵权领域，大多数侵权行为人并非以直接污染环境、破坏生态为目的，而是为了追求更高的经济效益、降低成本而污染环境、破坏生态，在这种情况下，对于侵权人主观上是否有过错，基于何种过错，要进行判断就显得尤为困难，因而很难证明侵权方主观上具有过失和故意的心理状态。二是无论是环境污染，还是其他危险事故损害，大多是过失造成的，甚至可能是特定生产经营活动中所固有的；[2]绝大多数场合，进行危险活动的企业懈怠了对其要求的安全保障措施，[3]是导致危险责任发生的

---

〔1〕参见胡卫：《过错优先：环境污染侵权中行为人过错的功能分析》，载《政法论丛》2019年第6期。

〔2〕参见王利明等：《中国侵权责任法教程》，人民法院出版社2010年版，第165页。

〔3〕参见〔日〕吉村良一：《日本侵权行为法》，张挺译，中国人民大学出版社2013年版，第10页。

重要原因。而对于污染企业的这种过失，被侵权方是非常难证明的，一方面，被侵权人并不在企业内部工作，对于企业内部的安全保障措施并不了解，而侵权人对安全保障措施的补足可以快速完成，因此很难取证证明；另一方面，一般该类企业出入管理森严，被侵权人几乎没有渠道进企业内部取证。所以对于安全保障措施的懈怠只能通过企业的外部行为进行推定，而无法直接证明，推定过失的出现又要以客观的损害后果为前提，在无损害后果、只有损害现实危险的情况下，被侵权人又无法证明其过失的存在，因此保留对被侵权人过错的证明责任始终让被侵权人处于不利局面。

免除被侵权人过错的证明责任，有利于侵权人与被侵权人的利益衡平，同样也便于保护生态环境。因证明困难适用"证明危机原则"免除了被侵权人的过错的证明责任，是尊重了环境被污染、生态被破坏这一客观事实，如前所述，若在不免除被侵权人证明责任的情况下，环境污染、生态破坏这一事实在一定期间内无法得到补偿，因为侵权人会因为被侵权人无法证明过错而不承担侵权责任，而环境公益诉讼的提起往往要在自然人不再提起环境民事侵权诉讼之后，才可提起，这就导致在相当长的时间内，无法对环境污染、生态破坏这一客观侵害事实进行处置，进而无法及时修复环境和被破坏的生态，总体上不利于生态环境保护的实现。因此，免除被侵权人对过错的证明责任，一定程度上更加尊重了环境被污染、生态被破坏的现实需要，而不是一味追求当事人的自由主义，免除过错这一证明责任不仅是从双方诉讼主体上证明能力的差距来考虑，还吸纳了环境侵权也要实现生态环境保护这一诉讼价值理念。免除这一过错证明责任，侵权人便不能再以无过错为由逃避应该承担的侵权责任，进而被侵权人也能相应地主张被其污染的河流、湖泊、土地等恢复原状或停止侵害，由此，自然人的环境侵权诉讼便能达到维护自我权益与保护生态的双重效果。据此，从这个角度上来说，免除被侵权人的过错证明责任也是生态环境保护这一政策的要求。

第六章

环境侵权诉讼的证明标准

在明确环境侵权诉讼的各实体规范后，环境侵权诉讼证明标准作为兼具实体与程序属性的规范无疑是连接环境侵权诉讼实体规范与程序规范的桥梁。环境侵权诉讼证明标准是指在环境侵权诉讼中，诉讼一方当事人为支持自己的诉讼请求而通过提供证据使法官相信某一要件事实为真、伪或真伪不明的人为要求的程度，其确立具有保障实体法实施、确保诉讼程序顺利进行以及实现利益平衡的必要性。放眼外国，环境侵权诉讼证明标准有着许多不同的理论，例如，英美法系国家主张"盖然性占优势"证明标准，而大陆法系国家则是"高度盖然性"证明标准，前者意指对于有关的诉讼主张或事实，当事人提出的证据资料必须使法官或陪审团确信其成立或存在的可能性大于其不成立或不存在的可能性，即法官或陪审团确信其有的可能性大于信其无的可能性；而后者则是法官能够从证据中获得事实"极有可能如此"的心证。根据现有的环境侵权诉讼证明标准，结合我国实际，可以在损害事实、侵权行为与免责事由的认定上适用"高度盖然性"的标准，在因果关系证明上适用"低度盖然性"的标准，以此重构我国的环境侵权诉讼证明标准相关制度。

一、环境侵权诉讼证明标准的含义及其必要性

要讨论环境侵权诉讼证明标准，必然先探讨其含义与本质，一个事物的含义与本质决定了其与其他概念之间的区别，也决定了其自身的范围。要认清一个制度的作用，必然是从认清其含义与本质开始，进而再讨论其

正当性基础，虽然这与常人认知事物的过程不同，因为一般而言，人类认知事物的过程是先从表面，再一点一点上升到本质与内在含义，人类有限的理性决定了人类对一个事物抑或制度的认知是由浅入深的。但在认知事物本身之后，对事物本身的概念传承与进一步研究，又应从本质及含义开始，因为这使得受众能更好地理解某些看似在其他领域匪夷所思的制度在这却有很强的合理性，因为对某一事物最开始的研究总是充满迷雾，也不至于在做进一步研究时再犯前人之错。因此，对于环境侵权诉讼证明的标准探讨，本节先从其含义与本质开始。

（一）含义

何谓证明，在诉讼上是指一方当事人为达到某种目的而提供证据使法官相信某一要件事实为真、伪或真伪不明。具体而言：首先，在未发生纠纷时，并不需要证明活动的产生，而只有在发生纠纷且诉至法院时，才需要证明活动支持诉讼程序顺利进行，因此，证明是围绕着诉讼展开的；其次，证明活动并不是随意的，而是以要件事实为核心，无论该要件事实要证明到客观真实还是法律真实的标准，都是以证明要件事实真、伪、真伪不明为核心，没有要件事实，也就无须当事人的证明；再其次，当事人证明的目的是让审判者相信自己的主张，从而做出有利于自己的判决，所以证明的目的是说服审判者，不同的法系对事实的裁判所选定的审判者固有不同，但当事人的证明均会对不同法系之间的审判者产生影响，而且是决定性的，因为法律的执行者是人类自身，而非机器；最后，证明结果上，当事人是要把某一要件事实证明成真、伪、真伪不明的状态，上述三种状态无论证明为哪种，均是为了当事人的主张而服务的，且成为哪种状态也取决于审判者的决定。

何谓标准，所谓标准，是指"衡量事物的准则"。[1]而准则既有自然的准则，也有人为的准则，自然的准则体现的是自然的规律和社会的规律，是客观的；相对应地，人为的准则多附带立法者或审判者的价值判

---

[1]　辞海编辑委员会编纂：《辞海》（1999年版普及本）（上），上海辞书出版社1999年版，第635页。

断，主观性较强，但并非绝对排斥客观，在现代文明中，人为的准则是在尊重一定自然准则的基础上再发展为附带价值判断的准则的。而法律也在准则的演进过程中，拥有了和现代文明准则一致的特性，即既是立法者的价值选择，也同时尊重客观的自然法理，并不违背人类的天性，而是尊重人类的天性。因此，证明标准作为诉讼中重要的法律制度，主要表现为立法者的价值取向，是一种人为的准则，但立法者的价值取向又不是恣意的，是尊重客观的自然法理基础的。

总而言之，环境侵权诉讼证明标准是指在环境侵权诉讼中，诉讼一方当事人为支持自己的诉讼请求而通过提供证据使法官相信某一要件事实为真、伪、真伪不明的人为要求的程度。对于证明标准的定义，也有不同的解释，吕忠梅教授认为，证明标准即应是衡量证明主体的证明活动是否达到证明要求及具体达到何种程度的准则和标尺。[1]英国证据法学家摩菲认为，证明标准是指证明责任被卸除所要达到的范围和程度，它实际上是在事实裁判者的大脑中证据所产生的确定性或可能性程度的衡量标尺；也是负有证明责任的当事人最终获得胜诉或所证明的争议事实获得有利的事实裁判结果之前，必须通过证据使事实裁判者形成信赖的标准。[2]比较上述定义，发现其共同特性为均从审判者角度去阐释证明标准的含义，这与笔者的定义不谋而合，因此这也显现出证明标准是一项主要围绕审判者是否相信当事人所要证明的事实而产生的法律制度，审判者的这种心理特点以大陆法系自由心证倡导的"内心确信"证明体系最为突出，尤其是在法官独任审判的案件中。

（二）必要性

1. 保障实体法的实施

环境侵权诉讼证明标准是连接实体法规范与程序法规范的桥梁。实体法规范的实现形式就是实施，那么如何实施，又成了实体法规范真正实现的关键一步。前述提到实体法规范的实现方式有两种，即"公民自觉守

---

〔1〕 参见吕忠梅：《环境侵权诉讼证明标准初探》，载《政法论坛》2003 年第 5 期。

〔2〕 See Peter Murphy：*Murphy on Evidence*，Blackstone Press Limited，1997，p. 109.

法，将法规范自觉内化为自身的行为"和"公民触犯法律，无法协商解决，通过诉讼运用法律规范解决纠纷，从而完成法律规范的价值实现"。而双方通过协商解决纠纷在未受到法律指引的情况下，这种方式并不属于实体法规范的实现，甚至可以说与法律无关，双方往往是依靠自身的利益考量或道德原则等因素解决纠纷；若受到法律指引，则属于第一种形式的范畴，仍是对法律的自己遵守。因此，在上述的两种实现方式中，以诉讼方式来实现实体法规范显然是不可或缺的，而实体法规范要在诉讼方式中实现必然离不开程序法规范，但程序法规范又不是直接与实体法相连接来实现实体法的价值，而是通过诉讼，在一方当事人提起诉讼，进入诉讼程序之后，才有了在程序法实现的基础上，进而帮助实体法规范的实现。环境侵权诉讼也是如此，通过对环境侵权实体法规范的考察，环境侵权实体法规范的价值理念明显偏向于被侵权人，也与被侵权人和侵权人的诉讼地位不平等这一原因息息相关。因此，要在诉讼中实现这一实体法规范的价值，就要发挥好程序法规范的作用，环境侵权诉讼证明标准作为诉讼中的核心规范，很大程度上决定了被侵权人是否能通过诉讼的方式维护自己的利益，同时实现实体法的价值，为此要通过诉讼的方式实现环境侵权实体法规范的价值，便要寄托于环境侵权诉讼证明标准，通过环境侵权诉讼证明标准发挥好程序法规范，从而使实体法规范不会丧失以诉讼的方式来实现的途径。

环境侵权诉讼证明标准直接关系到实体法律后果的承担。因环境侵权诉讼证明标准是连接实体法规范与程序法规范的桥梁，因此其兼具双重意义：一是实体法意义，在证据量及其证据力不变的情况下，证明标准的设置和实际掌握的宽严在一定情况下决定案件的实体处理；二是程序法意义，证明标准是证明任务完成从而证明责任得以卸除的客观标准。[1]从实体法意义上说，环境侵权诉讼证明标准因切实影响到了审判者对具体案件的裁判，从而影响参与诉讼的当事人胜诉与否，而诉讼结果最终倒向任何一方都意味着诉讼的终结，也意味着当事人的请求权是否实现，这些都是

---

〔1〕 参见王圣扬、孟庆保：《诉讼中"证据占优势"标准的可行性分析》，载《法学论坛》2001年第5期。

实体法律规范在具体案件中的应用，因此环境侵权诉讼证明标准确实事关实体法律后果由谁承担的问题。因此，确立并完善环境侵权诉讼证明标准的规则，有助于保证环境侵权诉讼证明标准发挥桥梁作用，从而让实体法规范真正落实到诉讼当中，解决双方的纠纷，从而保证实体法规范的实施，维护实体法的权威与尊严。

2. 确保诉讼程序的顺利进行

诉讼程序的顺利进行需要完善的证明责任体系，而环境侵权诉讼证明标准是审判者判断一方当事人是否完成举证责任的前提，也是证明责任体系的重要组成部分。对于某一要件事实是否为真，抑或真伪不明，完全寄希望于审判者的内心确信，似乎并不可靠，虽说审判者的内心确信在判断一方当事人是否完成要件事实的举证责任上发挥着巨大的作用，但为保证司法的统一适用，相似案件事实的案件裁判差异不会过大，仍需要对内心确信设定一定的标准，而这样的标准从审判者内心确信外化为制度范畴即证明标准，它不仅有助于统一审判者对要件事实的判断标准，还有助于案件当事人推动诉讼程序顺利进行，而非完全由审判者自由决定诉讼程序的进程。证明标准在环境侵权诉讼领域也同样发挥着上述作用，换句话说，只要是在诉讼中，无论是环境诉讼，还是普通民事诉讼、刑事诉讼等，证明标准在诉讼中都无法剔除，没有证明标准的要求，双方当事人便无法判断自身所提供的证据是否达到了证明标准的要求，审判者也会因没有证明标准作为形成内心确信的客观依据，据此作为的裁判也就不受双方当事人的尊重与信任，同时也不受大众的信任，这样一来诉讼便无法进行，诉讼的结果也无法得到尊重。因此，环境侵权诉讼作为诉讼的一种也需要证明标准，同时环境侵权诉讼证明标准又很好地服务于环境侵权诉讼的审判，确保了环境侵权诉讼程序的顺利进行。

环境侵权诉讼证明标准保证司法统一适用的同时，便利了诉讼程序，也提高了诉讼效率。环境侵权诉讼证明标准是环境侵权诉讼进行过程中不可或缺的制度之一，在环境侵权诉讼证明标准确立及完善之后，从当事人角度而言，其对证据的收集与运用也有了方向，这种对当事人证据收集、运用的指引，一定程度上可以缓解案情因证据缺乏而难以查明或查明需要耗费过长时间的难题，不仅帮助当事人明确了证据收集的方向，也间接地提高了诉讼的效率，促使法庭更快更准确地解决纠纷；对审判者而言，在设立了一定的证明标准之后，审判者对事实的认定便有了一定的程度标准，即使不同案件中，可能具体的认定标准会有一定的浮动，但相较之前无证明标准，这样的浮动已经在审判者和当事人的可接受范围内，因此，在审判者内心对案件事实的认定有了一定的证明标准之后，相应地也帮助审判者更好判断是否进行下一要件事实的证据提供与判定，这样一来便减少了审判者在无证明标准时犹豫不决的情形，从而间接地促进了诉讼的进程，提高了诉讼效率。

3. 实现利益衡平

环境侵权诉讼证明标准的另一重要作用就是纠正因地位不平等给诉讼双方带来的诉讼风险分配不均的弊端，是对"谁主张，谁举证"这一传统原则在某些特殊诉讼中可能导致僵化适用的弥补。在一般侵权诉讼中，证明责任是以"谁主张，谁举证"为原则进行分配的，但在特殊侵权诉讼中，按照该原则分配就会导致实质的不公，导致形式正义与实质正义之间的天平发生了倾斜。因为一般侵权诉讼设立"谁主张，谁举证"原则的前提是"双方武器平等，双方收集证据和运用证据的能力大致相等"，如果没有这个前提，空谈"谁主张，谁举证"便失去了实践基础，因为制度终归要回到实践，需要考虑实际情况，而不是束之高阁，使法律成为空中楼阁、成为一种美好的向往。法律是解决实际问题的制度规范，其本身就要求应考虑实际情况，在一般的侵权诉讼中，双方证据收集和运用能力确实大体一致，因此采用"谁主张，谁举证"的举证责任分配原则无可厚非，但在环境侵权诉讼中，诉讼双方主体关系不对等，地位不对等，举证能力差异较大，[1]双方适用"谁主张，谁举证"举证责任分配原则的前提不复存在，因此再采用"谁主张，谁举证"这一原则便只能维持诉讼双方形式上的平等，而造成实质上的不平等。

---

〔1〕　参见肖爱、李昌杰：《论环境民事侵权诉讼中的举证责任倒置》，载《吉首大学学报社会科学版》2011 年第 2 期。

毕竟在环境侵权诉讼中原来的诉讼双方实际的主体地位是不平等的，那么在考虑设置环境侵权诉讼证明标准时就应当考虑这一因素，为实现法律切实解决实际问题的规范作用，环境侵权诉讼证明标准在设置之初应当将原告的证明标准降低，以吻合其自身的举证能力，让举证能力不高的一方当事人去完成很高的诉讼证明标准才能胜诉的话，实际上相当于宣告一方当事人胜诉的几率很小，如此便造成实际受损的当事人无法维护自己的合法权益，而这种无可奈何的情况出现恰恰又是因为法律的"强人所难"，这不仅容易让人误以为法律是强者的"保护伞"，更难以让法治国家的理念深入人心。因此，环境侵权诉讼证明标准因不同诉讼主体设置不同的证明标准，是对传统原则可能出现僵化适用情况的修正，是维护公平正义必不可少的内容，从而更好地维护诉讼双方的利益平衡，使双方都能通过诉讼的方式维护自己的合法利益。

二、环境侵权诉讼证明标准理论述评

环境侵权诉讼证明标准理论主要包括英美法系的"盖然性占优势"证明标准理论与大陆法系的"高度盖然性"证明标准理论。目前在我国，依照学理解释，最高人民法院已将接近于真实的"高度盖然性"作为民事诉讼中的法定证明标准。[1]虽然国内沿用的是大陆法系的"高度盖然性"证明标准，但并非意味着在学理讨论上，否认英美法系"盖然性占优势"证明标准在环境侵权诉讼某些诉讼要件事实证明问题上的借鉴意义，甚至在某些要件事实上可以参考"盖然性占优势"证明标准来设置其证明标准。故下文在对两种理论介绍的同时，也进一步探讨其在环境侵权诉讼中运用可能会产生的效果，从而比较得出最优解。

（一）英美法系"盖然性占优势"证明标准

1. 理论阐释

来自英美法系的"盖然性占优势"证明标准一般是指，对于有关的诉

---

〔1〕 参见吕忠梅：《环境侵权诉讼证明标准初探》，载《政法论坛》2003 年第 5 期。

讼主张或事实，当事人提出的证据资料必须使法官或陪审团确信其成立或存在的可能性大于其不成立或不存在的可能性，即法官或陪审团确信其有的可能性大于信其无的可能性。[1]与"高度盖然性"相比，"优势盖然性"对要件事实（或者争点事实）真实性要求低一些，只需要法官的信任度达到或超过51%即可。可以看出，英美法系"盖然性占优势"证明标准是从当事人角度出发来考虑证明标准应该设置到何种程度的问题，这与英美法系民事侵权诉讼采取"当事人主义模式"息息相关。该模式强调当事人之间的对抗，削弱法官的影响，让法官保持中立，这就导致对案件事实真相的揭示几乎完全取决于当事人双方所能提供的证据，而对于任一过去的事件，要再现当时的各种细节以及实际情况是非常困难的，为此在当事人主义模式下往往追求的不是客观事实，而是法律真实，法律真实即法律上所认定的事实，该事实并不一定和真实的客观事实相符合，但基于法的权威与审判机关的权威，该法律真实被视为案件事实，从而成为审判者作出裁判的事实依据，这是为避免更大的不正义所作出的必要的牺牲。这点与崇尚客观真实的大陆法系的"高度盖然性"证明标准不同，但国内学者也逐步认识到了这一点，即客观真实无法再现，证明标准应以追求法律真实为主，因此，英美法系的"盖然性占优势"的证明标准逐渐也得到了借鉴和适用。既然是对法律真实的追求，且依靠诉讼双方当事人提供证据来推动诉讼的进程，所以英美法系并不要求当事人对要件事实的证明达到"高度盖然性"的证明标准；"高度盖然性"的证明标准往往是对客观真实再现的追求，但这一追求不仅很难做到，而且不切实际，故英美法系要求一方当事人对要件事实的证明只需要证明其存在的可能性大于不存在的可能性，即可被确认其主张的事实，大大降低了当事人对要件事实的证明标准。

2. 运用效果

将"盖然性占优势"证明标准理论运用到环境侵权诉讼证明标准之

---

[1]　参见李学灯：《证据法比较研究》，五南图书出版公司1992年版，第397页。

中，有助于维持环境侵权诉讼证明标准的多元化，可以让不同主体对不同要件事实的证明有合理的证明标准可以适用。随着传统的诉讼证明标准一元制理论被打破，诉讼证明标准二元制甚至多元化理论逐步建立起来，我国现行的环境侵权诉讼证明标准仍统一适用与一般侵权诉讼适用的"高度盖然性"相一致的证明标准，已不大适宜，且与各国通行的证明标准多元化相悖。[1] 因此，引入"盖然性占优势"证明标准运用到环境侵权诉讼证明标准当中，在保证合情合理的情况下，显然有助于实现环境侵权诉讼证明标准的多元化，且环境侵权诉讼证明标准也有适用"盖然性占优势"这一证明标准的理论土壤，譬如在被侵权人对初步因果关系履行举证责任时，就可以考虑适用"盖然性占优势"证明标准来减轻被侵权人的举证责任。这样既能在具体的某一要件事实上统一证明标准的适用，又不致所有要件事实适用同一证明标准而导致出现实质的不公，因此"盖然性占优势"证明标准的理论运用本质上还是为了平衡诉讼双方的利益，维护好任意一方的公平正义。

（二）大陆法系"高度盖然性"证明标准

1. 理论阐释

大陆法系的"高度盖然性"证明标准是指法官能够从证明中获得事实"极有可能如此"的心证，虽然还不能够完全排除其他可能性（其他可能性在缺乏证据支持时可以忽略不计），但是已经能够得出"待证事实十之八、九是如此"的结论。[2] 可以看出，大陆法系的"高度盖然性"证明标准与法官的自由心证原则是分不开的，这与大陆法系采用职权主义的诉讼模式也有关联，因为诉讼的进程由法官主导，事实的认定与法律的适用也是由法官来认定和决定的，这就导致在对要件事实证明标准的要求上要以法官的内心确信为核心。与此同时，职权主义法官审判案件的目的是还

---

〔1〕 参见李俊斌、夏勇子：《环境侵权诉讼证明标准问题研究》，载《东岳论丛》2010年第7期。

〔2〕 参见李浩：《民事诉讼证明标准的再思考》，载《法商研究（中南政法学院学报）》1999年第5期。

原事实真相，依据事实真相来裁决案件，因此，法官在形成内心确信时要以追求客观事实为标准，为此要件事实的证明标准也要以追求客观真相为中心，这样一来对当事人的举证责任要求就更高了，只有当事人提供愈加充分的证据，法官才愈能调查清楚案件真相，因此也就要求诉讼当事人负担的举证责任达到"高度盖然性"这一证明标准的要求，这一证明标准的程度要明显高于盖然性证明标准所要求的程度。德国有的学者对证明程度进行了细致划分，起始与终端为0%和100%，中间分为四级：第一级为1%～25%；第二级为26%～49%；第三级为51%～74%；第四级为75%～99%。其中0%为绝对不可能，50%为可能与不可能同等程度存在，100%为绝对肯定。而第一级为非常不可能，第二级为不太可能，第三级为大致可能，第四级为非常可能。他们认为，民事诉讼中的证明标准应定在第四级，即在穷尽了可获得的所有证据后，如果仍然达不到75%的证明程度，法官就应当认定待证事实不存在，如果达到或超过75%，则应认为待证事实的存在已获得证明。[1]

　　总而言之，"高度盖然性"的证明标准要高于"盖然性占优势"的证明标准，对于该差异的产生，除了因诉讼模式的不同造成的以外，还有学者认为，两大法系通常证明标准不同的另一主要原因是两大法系对民事诉讼价值的认识不同。在英美法系，人们普遍认为，民事诉讼仅仅承载着金钱价值。在大陆法系，人们普遍认为，民事诉讼除承载金钱价值外，还承载着人格尊严与人格自由；即使是金钱也是非常重要的，因为在现代社会，金钱所折射出来的内容已经远远超过了金钱本身，已经辐射到人的尊严、地位、价值等方面。[2]因此，大陆法系对民事诉讼价值的"高看一眼"致使其确立了较高的证明标准。[3]

---

〔1〕　参见吕忠梅：《环境侵权诉讼证明标准初探》，载《政法论坛》2003年第5期。

〔2〕　参见邵明、李海尧：《我国民事诉讼多元化证明标准的适用》，载《法律适用》2021年第11期。

〔3〕　See Kevin M. Clermont, Emily Sherwin："A Comparative View of Standard of Proof", *The American Journal of Comparative Law*, Vol. 50, No. 2., 2002, p. 50.

2. 运用效果

"高度盖然性"证明标准理论在环境侵权诉讼证明标准中的运用，可以在多元诉讼标准中保持一个大致一体的诉讼证明标准体系，证明标准体系既需要多元化，也需要统一性，而"高度盖然性"这一证明标准理论在承担着这个任务。我国现行证据法规则构建的证明标准体系，是以"高度盖然性"为民事诉讼主要证明标准的证明标准体系。以"高度盖然性"为主要证明标准，一方面便于统一法官对事实要件的认定标准，另一方面符合我国在马克思主义哲学指导下对发现客观真相的推崇。具言之，中国化的马克思主义非常注重实事求是精神，因此体现在诉讼制度体系当中，最明显的就是对证明标准的要求，如《民诉解释》第 108 条第 1 款规定："对负有举证证明责任的当事人提供的证据，人民法院经审查并结合相关事实，确信待证事实的存在具有高度可能性的，应当认定该事实存在。"该条款中，"确信"是指本案审判法官确信本案要件事实或者直接事实"存在"或是"真实"的，"存在"或者"真实"的（最低）标准是"高度盖然性"。[1]根据该解释的要求，对待证事实存在需要具有高度可能性才能认定事实存在，而非英美法系要求的仅需可能性大于不可能性即可。这显现了立法者在对诉讼制度功能的考察上，认为诉讼应当追求案件事实真相，而不仅仅是解决纠纷，因此即使在诉讼中解决纠纷，也应尽可能地还原事实，从而在最大限度还原事实的基础上做出判决，这便是对实事求是、推崇发现客观真相的追求。这样的目标追求，要推及国家层面，仅仅依靠法官个人的极高素质是无法完成的，因此还需要在制度上形成统一标准，为此立法者便在民事诉讼证明标准体系上构建了以"高度盖然性"为主，其他标准为辅的证明标准体系，这是在尊重多元化诉讼证明标准下所必需的总体统一的证明标准，即以此为原则，其他证明标准为例外。这也便于统一司法适用，且特殊的诉讼案件是少数，大部分案件适用该标准即可解决，无须对不同类型的诉讼一一列明所应适用的证明标准，这样不致

---

〔1〕 参见邵明、李海尧：《我国民事诉讼多元化证明标准的适用》，载《法律适用》2021 年第 11 期。

使法律条文显得冗余。

三、环境侵权诉讼证明标准体系的构建

环境侵权诉讼证明标准体系的构建是将环境侵权诉讼证明标准的理论成果转化为制度成果的具体表现，依托环境侵权诉讼证明标准理论的多元化与统一化的特性，在具体的环境侵权诉讼证明标准体系构建中也展现了这一特征，即在对损害事实、侵权行为、免责事由的认定标准上采用"高度盖然性"证明标准，在对被侵权人证明较为困难的因果关系领域，笔者建议采用的是"盖然性占优势"证明标准。体现了一般情况以原则性证明标准为准，特殊情况采取例外的证明标准的制度特点。

（一）认定损害事实适用的证明标准

1. 适用"高度盖然性"证明标准

损害事实是被侵权人需要证明的要件事实，损害事实（包括损害危险）的存在是启动诉讼的前提，故损害事实应适用"高度盖然性"这一证明标准。没有损害事实的存在，被侵权人便没有提起诉讼的事实基础，被侵权人必须以该事实基础启动诉讼，否则就会导致滥诉的发生，因此被侵权人提起环境侵权诉讼的前提是证明损害后果或者损害危险是真实存在的，而损害后果或损害危险并非当事人主观想象的损害后果或损害危险，应是达到一定证明标准，是法官有理由相信确实真实存在的损害事实，否则被侵权人后续的证明都没有意义，毕竟环境侵权诉讼作为民事诉讼的一种仍是以填补损害为原则。那么应达到何种标准，才是损害事实合理的认定标准呢？从诉讼的启动、司法资源的占用、打破相对稳定的秩序这一角度来看，应适用"高度盖然性"更具合理性。具体而言，被侵权人作为启动诉讼的一方，必须要对损害事实提供证据予以证明，没有损害事实而启动诉讼便一定程度上导致了司法资源的浪费，而被侵权人启动诉讼，也打破了与原有的侵权人"和平共处"的秩序，将侵权人置于被告的地位，同时也是利用国家审判资源将侵权人放置于自己的对立面，因此在以诉讼这样一种解决纠纷的形式中，便不能让被侵权人"轻而易举"地提起诉讼，

这样容易造成有真正诉求的被侵权人得不到及时的司法救助，不需要司法救助的当事人却占用着不必要的司法资源，从而不利于社会整体公平正义的实现。所以，对环境侵权诉讼中损害事实认定的证明标准，应当适用较高的证明标准，应与一般侵权诉讼证明标准适用的"高度盖然性"证明标准一致。而且被侵权人对损害事实的举证相对容易，并不存在举证困难的问题，因此也无须特殊化。

2. 适用意义

被侵权人对损害事实适用"高度盖然性"的证明标准有助于防止滥诉的发生。虽然环境侵权诉讼证明规则消除了被侵权人对过错的全部举证责任，以及对因果关系的大部分举证责任，但并不意味着被侵权人无须负担任何举证责任便可对侵权人提起环境侵权诉讼，将损害事实这一要件事实仍保留由原告负责举证，既是对传统诉讼中采用的"谁主张，谁举证"原则的尊重，更是为了防止滥诉的发生。如前所述，损害事实是被侵权人提起诉讼的重要事实基础，对这个占据着重要地位的事实基础适用更高程度的证明标准，就意味着"伪被侵权人"想以"伪损害事实"提起不合理的环境侵权诉讼变得更无可能，因为"高度盖然性"的证明标准使虚假的损害事实难以得到承认，法官也相对容易识破"伪损害事实"的虚假性，这间接保护了合法合理并采取了充分环保措施的排污者。当然有人质疑，过高的证明标准，虽然可以阻止滥诉行为的发生，但是否也意味着会导致真正受到损害的被侵权人更难通过诉讼途径来维护自己的合法权益。其实不然，被侵权人相对于侵权人而言，确实存在举证能力的差距和举证困难的问题，但这并未涉及损害事实，损害事实作为一种客观事实，是否遭到损害，事实上作为被害人的被侵权人最清楚，也最容易证明，被侵权人是损害事实的直接见证者或承受者，如鱼塘鱼虾死亡、自己的身体出现疾病等都是非常直观的、易证明其存在的，其并不存在举证困难的问题，因此在这种情况下，"高度盖然性"证明标准并不会影响被侵权人对损害事实的证明，并不会导致因过高的证明标准造成被侵权人无法维护自己合法权益的情况发生。

（二）认定侵权行为适用的证明标准

1. 适用"高度盖然性"证明标准

侵权行为与损害事实一致，均须被侵权人提出证据证明，没有侵权行为，被侵权人的诉讼请求便没有事实基础，因此被侵权人作为先攻击的一方，对基础事实——侵权行为的认定应适用"高度盖然性"证明标准。有的学者认为，侵权行为对于被侵权人来说，也存在举证困难的问题，因此也应降低侵权行为的证明标准，减轻被侵权人的举证责任。但这是由于环境侵权制度建立之初，被侵权人对侵权行为证明的同时需要负担对其违法性的证明所带来的举证困难的结果。因为对于被侵权人而言，其要证明侵权行为的违法性，一是从法律上知晓相关的法律规定，二是明白排污标准制定的技术依据，以方便向法官解释侵权人已经违反一定的排污标准，而以上两点对于知识水平相对较低的被侵权人而言，要通过证明这两点来证明侵权行为的违法性是极其困难的。但后续这一点得到了修正，国家环境保护局在《关于确定环境污染损害赔偿责任问题的复函》明确指出，承担污染赔偿责任的法定条件，就是排污单位造成环境污染危害，并使其他单位或者个人遭受损失。并指出至于国家或者地方规定的污染物排放标准，只是环保部门决定排污单位是否需要缴纳超标排污费和进行环境管理的依据，而不是确定排污单位是否承担赔偿责任的界限。[1]不仅如此，对侵权行为违法性证明的解除也在司法实践中予以确认，2002年4月天津海事法院审结的孔某礼等诉迁安第一造纸厂陆源污染损害赔偿纠纷一案，在审判实践中确认了企业排污达标亦应承担环境污染侵权责任的原则。[2]最终《民法典》也吸收了这一制度。

因此，被侵权人无须再证明侵权行为的违法性，即使侵权人的侵权行为不具有违法性，造成损害或损害危险的，也应承担相应的损害赔偿和损害修复或消除责任。从这个角度上说，被侵权人对侵权行为举证困难的情境不复存在，因此被侵权人因作为主动发起攻击且受益的一方，应当对侵

---

〔1〕　刘士国：《现代侵权损害赔偿研究》，法律出版社1998年版，第208页。

〔2〕　参见陈宜芳：《论环境侵权之民事责任》，载《法律适用》2003年第Z1期。

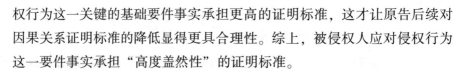

权行为这一关键的基础要件事实承担更高的证明标准，这才让原告后续对因果关系证明标准的降低显得更具合理性。综上，被侵权人应对侵权行为这一要件事实承担"高度盖然性"的证明标准。

2. 适用意义

侵权行为适用"高度盖然性"的证明标准有助于保持侵权人与被侵权人之间的利益衡平。法谚有云：没有行为，便没有纠纷；没有纠纷，便没有诉讼。行为是一切纠纷的起源，人类的行动不仅创造了文明，也产生了各种纠纷，而法律及司法机关就是为解决人与人之间的纠纷而生。同样，侵权行为本质上仍是人的行为，只是在法律上与日常行为相区分，便于在法学理论上进行明确研究，便于侵权行为指称人们实施的侵害他人合法权益的行为。故可以看出，侵权行为既是纠纷的起源，也是诉讼的起源，没有侵权行为，便没有纠纷，也无须诉讼；那么在环境侵权诉讼中，作为原告的被侵权人是因为侵权人的侵权行为而提起诉讼，而该侵权行为的举证责任是由被侵权人来承担，因此被侵权人是否能证明侵权行为实际存在便成为诉讼能否进入下一程序的关键。对于这一审理案件的关键起点，应当适用高度盖然性的证明标准，如此才符合利益衡平原则。原因在于若被侵权人无须将侵权人的侵权行为证明到"高度盖然性"的程度，那么就会导致侵权行为这一要件事实的虚化。一般在环境侵权类纠纷案件中，侵权人或多或少都有一些不合理甚至不合法的行为，那么该类行为自然也会给他人的权益和自然生态造成一些潜在的危险或现实的危害，但是，给被侵权人带来损害的潜在危险或现实危害的侵权行为，是否是侵权人所实施的危害他人权益与生态环境的同一行为呢？并不能肯定，也有可能是其他企业或个人的排污行为导致了被侵权人的损害，所以若在侵权行为的认定标准上放得过低，不仅容易导致法官在审理案件中错判的概率增加，还会放纵实际侵权人逍遥法外，这既未维护好未侵权人的利益，也没有真正打击到实际侵权人。因此，在环境侵权诉讼中，法官对侵权行为认定适用的证明标准应以"高度盖然性"为准，这不仅可以保障一般的公民及企业不会无故受到法律的非难，在只有强有力的证据支撑下使法官形成较高程度的内心确信这一侵权行为真实存在的情况下，才会让该公民或该企业承担相应的损害赔偿责任或修复责任；还让环境侵权诉讼证明制度更为严谨和缜密，不致成为非法分子牟取利益的滥觞。

（三）认定免责事由适用的证明标准

1. 适用"高度盖然性"证明标准

免责事由适用一般性标准，即"高度盖然性"证明标准，原因在于侵权人并无客观上的举证困难，且免责事由作为已造成损害却无须承担责任或无须承担全部责任的事由，理应适用更严苛的证明标准，否则容易导致审判不公正的现象。免责事由具体包括不可抗力、第三人过错、战争行为、受害人过错四种，其中不可抗力在 1989 年《环境保护法》第 41 条第 3 款有了规定，完全由于不可抗拒的自然灾害，并经及时采取合理措施，仍然不能避免造成环境污染损害的，免于承担责任。1996 年《中华人民共和国水污染防治法》第 56 条，2000 年《中华人民共和国大气污染防治法》第 63 条以及 1999 年《中华人民共和国海洋环境保护法》第 92 条均规定：不可抗拒的自然灾害作为免责条件。[1]可见，不可抗力作为最常见的环境侵权免责事由被规定下来，而第三人过错、战争行为、受害人过错只有在特殊情况下才能成为免责事由。对于上述四种免责事由，侵权人提供证据予以证明的标准之所以是"高度盖然性"，是因为此时被侵权人已经完成证明侵权人存在侵权行为与损害事实，并且两者之间具有一定的关联性，那么依据民法的填平原则，侵权人理应承担损害赔偿或损害修复责任，这是恢复原有民事法律关系秩序以及恢复生态环境的必要措施；但此时侵权人却提出免责事由以减轻自己的责任，若免责事由成立，则侵权人承担部分甚至不承担损害赔偿或损害修复责任，此时要么国家替代修复，要么被侵权人自担损失，由此可见，免责事由的成立给侵权人带来的利益是巨大的，给被侵权人带来的损害也是无法弥补的。因此，便要求法官对侵权人免责事由的成立严谨考察，所以应当设置为"高度盖然性"证明标准，若证明标准过低，则面对利益诱惑如此之

---

[1] 参见刘雪荣、刘立霞：《论环境污染侵权诉讼中的证明责任》，载《河北法学》2006 年第 10 期。

大的免责事由，侵权人极有可能采取各种手段让法官认可自己的免责事由主张，易滋生司法腐败以及权钱交易，容易衍生出诸多司法不公的裁判。

2. 适用意义

免责事由适用"高度盖然性"证明标准是对一般性原则"谁主张，谁举证"的尊重，有利于更好地维护被侵权人的利益与司法公正。"谁主张，谁举证"意味着适用该一般性原则的举证责任，一般情况下也应适用一般性证明标准——"高度盖然性"。免责事由因属于侵权人的一般性举证责任，故适用"高度盖然性"证明标准较为合理，这体现的是对一般性原则的尊重，遵循了一般性规定的适用机理，因为侵权人对免责事由的举证并无特殊之处，所以适用一般性原则即可。那么免责事由适用"高度盖然性"证明标准，如前所述，可以最大程度上避免在这个问题上滋生司法腐败，因而对被侵权人的间接影响就是可以让其更好地主张自己的合法权益，不致因权钱交易等行为导致本属于自己的合法权益受损，这一定程度上也维护了法律的权威，保证了司法的公信力。

（四）认定因果关系适用的证明标准

1. 适用"低度盖然性"证明标准

因果关系因存在"证据偏在"[1]现象，被侵权人距离证据较远，且被侵权人相对于侵权人证据收集和运用证据能力差距较大，所以对被侵权人应予以一定的举证优待，以防止实质的不公转变成审判的不公，故被侵权人对因果关系的初步证明（也可称为因果关系的可能性或关联性）应适用"低度盖然性"的证明标准；而由侵权人承担的否定因果关系存在的举证责任则适用"高度盖然性"的证明标准。在被侵权人完成侵权行为与损害事实的基础证明之后，影响被侵权人能否真正胜诉的关键就在于因果关系的证明。因果关系的证成意味着侵权人的侵权行为与被侵权人所遭受的损害之间具有联系，这也是侵权人承担侵权责任的基础依据，但是在司法实践中，被侵权人与侵权人之间举证能力的差距以及被侵权人难以支付昂贵

---

〔1〕 龙云辉：《现代型诉讼中的证明负担减轻——日本的理论研究成果及对我国的启示》，载《法律科学（西北政法大学学报）》2008 年第 3 期。

的鉴定费用来完成确定性的具有科学依据的因果关系证明，导致很多案件中实际的被侵权人因无法完成因果关系的举证责任，而承担败诉的后果，这显然是不公正的。为此，为降低被侵权人对因果关系的举证难度，在起初完全将因果关系的证明责任转嫁给侵权人，到 2015 年的《公益诉讼的解释》规定被侵权人仍应承担一定的证明责任，即承担侵权行为与损害事实之间具有关联性的证明责任，而该关联性的证明责任所适用的证明标准即"低度盖然性"证明标准。"低度盖然性"证明标准的确立是由损害事实、侵权行为自身所具有的反社会性本质所决定的。反社会性的要素本质决定了"关联性"证明标准为"低度盖然性"。从具体的诉讼制度中去考虑环境侵权纠纷证明责任分配问题（即微观角度），是法律从业者专业化、精细化的体现，不可否认，这对环境侵权纠纷的解决起着重要的作用，但是一味陷于精细化、专业化的桎梏，难免会忽视法律从业者自身的大众化特征，忽略自身的普遍性，忘却自身的社会化属性，从而做出与群众直觉脱轨的判断，在审判领域尤为明显。那么在法律规范内要回归符合大众认知的判断，最根本的是要析出"关联性"附加的价值判断，虽说"关联性"为客观事实，但其成为法律事实时便内在地附加上了一定的价值判断，影响该价值判断的因素便源自"关联性"证明规则要素的反社会性这一本质。原因在于人类社会既然将某些物质、某些行为定义为反社会性的行为，那么从人类社会可持续发展的角度来看，必然是把这类反社会性的物质、行为排斥出人类社会之外，法官作为社会利益和国家利益的承担者，在面对环境侵权诉讼时，无论该案件是私益还是公益，因污染物、次生污染物、破坏生态行为所具有的反社会性，必然担负着修复社会的责任，甚至从某种意义上说，笔者认为对社会的修复责任远大于对个人利益的补足。因此将反社会性的物质、行为排斥出社会应当是毫不犹豫的，这就要求在"关联性"规则的证明标准上不宜要求太高，而应当是低于民事证据法上的一般盖然性的特殊标准，[1]即"低度盖然性"证明标准，否则

---

〔1〕　参见吕忠梅：《环境侵权诉讼证明标准初探》，载《政法论坛》2003 年第 5 期。

不利于社会整体可持续运行。

侵权方对否定因果关系的证明活动适用"高度盖然性"证明标准的理由在于，侵权方举证能力较强，并不存在举证困难的情况，因此适用一般的证明标准并无不妥，符合民事诉讼证明标准的一般机理。

2. 适用意义

被侵权方对因果关系可能性（亦称关联性）适用"低度盖然性"的证明标准，有利于维护被侵权方的合法权益，从而更好地保护生态环境，也是扭转侵权人与被侵权人实质不公局面的有力措施，亦是平衡双方利益的制度保障之一。被侵权人适用较低的证明标准，便有利于被侵权人证明侵权人的侵权行为与被侵权人的损害之间具有联系，从而帮助法官推定侵权行为与损害事实之间具有确定的因果关系，此时，对因果关系否定的举证责任转移到侵权人，而对侵权人否定因果关系的证明活动适用"高度盖然性"证明标准，这样一来，便防止了双方因证据能力差距导致实质不公的问题出现。对于被侵权人承担因果关系的证明活动适用更低的证明标准的另一重要原因是，被侵权人是提起诉讼的一方，因此便要先行承担对因果关系的证明责任，倘若适用较高的证明标准，便会导致所确立的"因果关系举证责任倒置"规则虚置化，出现有而不用的现象，因为倒置的前提先是被侵权人证明存在因果关系的初步可能性，进而再是转嫁给侵权人，由侵权人来承担否定责任；若该可能性适用较高的证明标准，便会导致被侵权人大部分因证明能力不足的缺憾而无法完成初步可能性的证明，进而便无法再适用因果关系倒置规则，这样一来，本意为保护被侵权人的倒置规则却因证明标准过高而存而不用。因此，降低被侵权人对因果关系的证明标准，在平衡了双方举证能力差异，帮助被侵权人维护自身权益的同时，也一定程度上打击了污染企业不合理的排污行为，进而保护了生态环境。

第七章

环境损害的司法鉴定

　　环境损害司法鉴定因其证据特性复杂、证据内容专业程度高以及鉴定周期长成本高的特性，其程序启动可由双方当事人协商申请，亦可由法院依职权决定启动，当事人享有环境损害司法鉴定之申请权，而法院享有申请审查权以及鉴定的最终决定权。环境损害司法鉴定制度有助于环境诉讼司法实践的顺利推进，同时是顺应我国加强生态文明建设的必要之举。但在司法实践中，司法工作者逐渐形成了以"鉴定为王"、依赖鉴定意见进行审判的现状，在其运用过程中出现了环境损害司法鉴定科学性审查机制不完善、损害鉴定评估难、鉴定主体配置以及管理存在缺陷与问题。对此，应当有针对性地加强环境损害司法鉴定科学性审查、提高损害鉴定评估之技术实力并完善司法鉴定主体之配置与管理，以更好地推进环境损害司法鉴定体系的完善。

一、环境损害司法鉴定的基本范畴

　　环境损害司法鉴定，是指在诉讼活动中鉴定人运用环境科学的技术或者专门知识，采用监测、检测、现场勘察、实验模拟或者综合分析等技术方法，对环境污染或者生态破坏诉讼涉及的专门性问题进行鉴别和判断并提供鉴定意见的活动[1]。环境损害司法鉴定是环境侵权案件办理过程中

---

[1]　参见田超等：《环境损害司法鉴定：打开环境执法与环境司法新局面》，载《环境保护》2016年第5期。

的重要环节，其能够解决令法官以及一般当事人头疼的专业环境问题，同时，有了环境损害司法鉴定之结果，环境侵权案件事实查明、各方责任划分以及赔偿补偿方式确定工作方能有效开展。我国环境损害鉴定制度虽起步较晚，但发展迅速，在《环境侵权责任的解释》第 8 条以及《公益诉讼的解释》第 14 条都规定了司法鉴定相关条款，2015 年最高人民法院、最高人民检察院、司法部联合公布《关于将环境损害司法鉴定纳入统一登记管理范围的通知》，将环境损害司法鉴定纳入司法鉴定统一管理的项目，其由此也成为我国继法医类、物证类以及声像资料司法鉴定后，第四种实现统一登记管理制度的司法鉴定类型，足见其地位之重要程度。

（一）特点

环境损害鉴定具有特殊性，唯有准确把握其特殊性方能促使有关主体在司法实践中更好地驾驭环境损害司法鉴定，使其发挥应有的制度效能。而其特殊性主要体现在以下几个方面：

1. 证据特性复杂

一方面，环境损害鉴定表现出客观性、科学性和独立性相互依存的特质；另一方面，在特定情形下又具有主观性、伪科学性和依附性，相互交织[1]，这些都体现了环境损害鉴定特性之复杂性。就前者而言，鉴定人在庭审中处于客观中立的专业权威地位，鉴定人具有相对的独立性，其本身与案件没有关联，此外，鉴定人所出具鉴定意见亦限于专业问题范畴，依据环境科学知识以及专业设备等专业因素进行推断，故具有客观性、科学性以及独立性；但后者，由于鉴定意见虽具有"科学"外观，但不等同于完全准确的科学定论，鉴定意见也存在出现误差或是全错的可能性，本质上是鉴定人主观思考的产物，若将其作为唯一定案依据，将增加司法不公的情况。而其依附性则体现在环境损害鉴定对其他涉案证据的依赖程度之上，离开基本的如环境检测结果、被侵权人损失情况等案件事实证据，司法鉴定便难以开展。

---

〔1〕 参见柯阳友、蒋楠：《证据视角下的环境损害司法鉴定问题探讨》，载《河北科技师范学院学报（社会科学版）》2017 年第 3 期。

此外，环境损害鉴定之复杂还体现在其涉及面广，往往涉及多领域专业知识。这是由环境损害的综合性决定的，一是环境本身便是多元的，与其他类型的损害所体现出的单一性不同，环境损害可能面临来自水污染、土壤污染、电磁辐射以及农林污染等各个方面的损害源，其鉴定范围也包含人身损害、环境污染以及生态系统退化多个方面，而上述每一个领域都可以说"自成一体、各有特点"，故环境损害司法鉴定需要涉猎方方面面的专业知识，依赖多领域专家；二是环境损害成因的复杂性，环境损害所包含的生态破坏以及被侵权人权利损害都具有归因上的多元性，且需要常年积累、随时间流逝方能显现。以上因素都决定了环境损害司法鉴定的复杂性。

2. 鉴定内容专业

环境损害司法鉴定内容之专业性是相对于普通司法鉴定而言的，虽然司法鉴定本是专业性工作，但环境损害司法鉴定依赖的专业程度更为深厚。2019 年司法部、生态环境部联合印发的《环境损害司法鉴定执业分类规定》细化了七大类主要鉴定事项规则，包括污染物性质鉴定、地表水与沉积物环境损害鉴定、空气污染环境损害鉴定、土壤与地下水环境损害鉴定、近岸海洋与海岸带环境损害鉴定、生态破坏型环境损害鉴定，以及其他环境损害鉴定同时，农业、渔业以及海洋环境保护相关部门都对生态补偿标准、细则进行了具体、有针对性的规定[1]，足见其专业性。

理论界对环境污染致人身损害鉴定是否能够归属于环境损害司法鉴定尚存争议，但人身权益客体作为环境侵权诉讼最早被立法认可的保护客体之一，在司法实践中也是与被侵权人联系最为紧密、其最为关注的部分。而环境污染致人身损害鉴定不仅需要自然科学知识，还要求熟练掌握法医学机理，其基本过程包括具有鉴定资质的医学专业技术人员利用仪器设备，通过毒物检测、组织学观察、毒理学分析、对损害结果综合评估等，就污染物毒性作用、致机体损害程度、污染行为与人身损害之间的因果关

---

〔1〕　参见郭雪艳等：《中国环境损害司法鉴定体制形成与发展》，载《法医学杂志》2020 年第 4 期。

系等科学问题进行逻辑分析、判断并发表鉴定意见[1]。环境损害司法鉴定之专业性体现在其涉猎之广博以及鉴定环节本身的复杂。

3. 鉴定周期长、成本高

环境损害司法鉴定周期长是由环境损害的特性导致的。环境损害是持续性的环境侵害行为在历经长时间沉积之后的显现，而且因为环境具有系统性特点，若不及时介入修复受损环境，环境损害还将从单一环境要素扩散、蔓延至其他环境要素当中，例如污染土壤蔓延至水源、农作物，这也使得环境损害司法鉴定取证、固证难。此外，环境损害具有隐蔽性、潜伏性，以环境污染所致人身损害为例，有学者表示，环境污染对人体健康影响的特点之一便是低剂量长时间作用的结果[2]。从环境污染开始到周边居民受害发病都需要历经较长时间区隔，但若需要有效证明两者间因果关系，这便要求在初始的污染行为时间点以及而后环境致人损害的时间点都需要进行有效取证，如此一来才能够保障鉴定之有效。环境损害司法鉴定周期长还体现在其繁琐的程序运行，从确定损害类别、收集鉴定材料到行为与结果、污染与损害之间因果关系的鉴定，再到制作准确的赔偿方案、环境修复方案，都需要耗费巨量时间、金钱成本。

(二) 程序启动

根据我国《民事诉讼法》、《民诉解释》以及《民诉证据规定》的相关规定可知，环境损害司法鉴定之启动包括当事人一方申请，双方协商确定，法院审批；当事人一方申请，双方协商不成，法院指定；法院依职权启动鉴定，共三种模式，当事人享有申请权，法院享有最终决定权。当事人之申请需要在举证期限届满前提出，而法院依职权启动的情况下，则在诉讼过程中即可，但需要向双方当事人释明申请鉴定之范围与原由等相关事项，保障其知情权。有学者诟病，当前我国环境损害司法鉴定相关规定中并未就"专门性问题"作出解释，导致司法实践中启动条件以及法院审

---

[1] 参见丛斌：《环境污染致人身损害司法鉴定初探》，载《中国司法鉴定》2016年第2期。

[2] 参见周宗灿编著：《环境医学》，中国环境科学出版社2001年版，第10~12页。

查标准缺失[1]，对此，最高人民法院2020年印发的《关于人民法院民事诉讼中委托鉴定审查工作若干问题的规定》以及2022年生态环境部等14个部委印发的《生态环境损害赔偿管理规定》分别对法院审查细则以及生态环境损害内涵做出具体规定，环境诉讼中当事人的鉴定申请，需要审查鉴定事项是否属于"专门性问题"，通过生活常识、经验法则可以推定的事实，与待证事实无关联的问题，对证明待证事实无意义的问题，应当由当事人举证的非专门性问题，通过法庭调查、勘验等方法可以查明的事实，对当事人责任划分的认定，法律适用问题以及测谎等其他不适宜委托鉴定的情形，并不属于上述"专门性问题"，可见法律对专门性问题之内涵进行了排除性规定，但仍无法准确确定何为环境损害鉴定中的专门性问题，除上述排除情况外，是否还需要具备环境专业相关性，才能够启动鉴定，法律对此并未明确。

（三）制度价值

1. 有助于环境诉讼司法实践的顺利推进

环境损害司法鉴定是司法者认定具有极强的环境保护专业性之环境侵权行为的重要手段，对环境侵权诉讼程序的启动、推进以及形成诉讼最终的实体性结果均能产生重大影响[2]。近年来，我国环境诉讼存在立案难、审理难以及判决难之问题，且环境案件总数与日俱增，急需提高环境民事纠纷解决质效。在环境侵权诉讼中环境侵权行为与损害结果之间的关联性与因果关系问题、环境受损程度、相应生态修复措施规划以及责任划分都是具有极高专业性的问题，环境损害司法鉴定制度的完善有利于以上专业问题的有效解决。值得一提的是，我国在陆续出台的《环境侵权责任的解释》、《公益诉讼的解释》以及《关于审理生态环境损害赔偿案件的若干规定（试行）》等环境诉讼相关法律规范都不约而同地规定了有关环境损害司法鉴定之条款，足见，其不管对于理论界还是实务界都有着举足轻重的

---

〔1〕　参见尚静：《我国环境损害司法鉴定启动问题研究》，安徽大学2020年硕士学位论文。

〔2〕　参见侯艳芳：《环境损害司法鉴定的现实与理想》，载《山东社会科学》2017年第10期。

地位。

环境损害司法鉴定能够辅助法院确定环境民事案件审理范围，合理、科学地确定各方权利义务以此推进庭审的顺利开展。环境公益以及环境私益受损程度往往是庭审中双方久争不下的焦点，不仅关切双方需要赔偿以及能够获得补偿之数额，也是法官查明案件事实的关键。环境损害司法鉴定能够运用专家科学知识以及专业设备，对法官仅凭法律知识难以处理的损害程度问题进行定性，这将大幅减少庭审中的无效争论，使双方集中于专业问题范畴，从而提高环境诉讼专业性、高效解决庭审争议。环境损害司法鉴定制度为环境诉讼司法实践提供了有力的环境专业保障。

2. 顺应我国加强生态文明建设之趋势

自十八大以来，我国日益加强生态文明建设，十八大首次将生态文明建设纳入"五位一体"中国特色社会主义总体布局；十八届五中全会将"绿色"确定为新发展理念之一；十九大亦出台了系列加强生态文明建设的具体措施，"可持续发展"更是早已上升为我国国家战略；二十大更是认为生态文明建设是以中国式现代化全面推进中华民族伟大复兴的基本特征和本质要求。在集各界之力加强生态文明建设的趋势下，环境损害司法鉴定制度作为强化环境司法的重要推手，其价值早已不再局限于完善环境民事法治体系，更是对生态文明建设的有力回响。环境修复，是环境诉讼中的重要议题，司法实践中也成为一种全新的民事责任承担形式，而环境修复措施的制定、实施以及考察都是建立在准确判断环境损害的基础之上的，此外，环境修复本身便具有相当的专业性，若未制定科学的修复计划则影响环境修复实效，甚至产生继发的二次污染。

环境损害司法鉴定强化了法院将环境损害实质化、量化的能力，通过将严重的环境污染行为转化为具体金额、具体修复措施的"可视化"民事责任，可以对污染企业起到警示、威慑作用，从而减少企业肆意破坏生态环境的行为。

二、环境损害司法鉴定的困境

（一）环境损害司法鉴定科学性审查机制不完善

环境损害司法鉴定作为鉴定意见的种类之一，是证据而非判决，环境损害司法鉴定可以辅助法官判断案件中法律专业知识、生活经验之外的环境专业难题，但这并不意味着可以不经过科学性审查便对专家出具的鉴定意见全盘接受，由于环境诉讼案件中专业性问题往往是影响案件走向的关键，若盲目全盘采纳专家鉴定意见，则庭外"专家"便成为实际上的"科学法官"，这种做法一是与基本诉讼制度相违背、挑战司法公正，二是起关键作用的证据源于当事人可以竞价获取的市场机制当中，可能造成更具经济实力的一方获得更大诉讼利好的情况，是不可行的。虽然环境损害司法鉴定本身便是对专业问题的"科学解答"，但"科学"并不等同于"可靠"，法官不能够省去对其进行科学性审查。

但鉴定意见所载内容通常为法官专业知识范畴外之难题，若法官可以凭借自身对其进行可靠性判断、品出端倪，那实际上也无须进行环境损害司法鉴定，直接解决专业问题便是，故司法实践中法官一般需要结合其他法律规范、综合审查判定。有学者对法官进行科学性审查的方式进行了总结，主要包括通过司法解释确认技术的科学性、通过法院内部文件进行指导、用法院内部文件代替法律进行判定三种方式[1]。其中，通过司法解释确认技术科学性包括现有的司法解释，例如生态环境部与司法部联合发布的鉴定技术标准，同时也包括法院将问题层报上级法院请求批复指导的情况，但当前我国仅对部分环境要素鉴定技术标准进行规定，暂未涵盖全部，不具有普适性。此外，运用现有法律规定辅助进行科学性审查将存在天然的滞后性，但面临"立法真空"之时，法官又应当从何入手检验其科学性？根据 2020 年最高人民法院公布的修正后的《关于审理生态环境损害赔偿案件的若干规定（试行）》第 10 条规定，当事人在诉前委托具备

---

〔1〕　参见赵杰：《司法鉴定意见科学可靠性审查》，载《证据科学》2018 年第 3 期。

环境司法鉴定资质的鉴定机构出具的鉴定意见，以及委托国务院环境资源保护监督管理相关主管部门推荐的机构出具的检验报告、检测报告、评估报告、监测数据等，经当事人质证并符合证据标准的，可以作为认定案件事实的根据，也即若该鉴定获得国家有关部门认可则自行归为定案根据之一，而最高人民法院 2020 年印发的《关于人民法院民事诉讼中委托鉴定审查工作若干问题的规定》第 11 条规定，需要对鉴定意见书之内容进行审查，若出现鉴定意见和鉴定意见书的其他部分相互矛盾的、同一认定意见使用不确定性表述的以及鉴定意见书有其他明显瑕疵的，将视为未完成委托鉴定事项。可见，当前我国关于环境损害司法鉴定的有关规定中出现相互冲突的情况，若鉴定机构被国家相关部门认可，那是否需要对其进行科学性审查呢？而在内容审查规定方面，仅指出审查文书内容形式瑕疵的情形，对于科学意见的实质性审查并未进行详尽规定。由此可见，我国暂未建立起完备的环境损害司法鉴定科学性审查机制。

（二）环境损害司法鉴定难

环境损害鉴定评估是指鉴定评估机构按照规定的程序和方法，运用科学技术和专业知识，鉴别污染物性质，评估环境污染或生态破坏行为所导致的环境损害的范围和程度，判定环境污染或生态破坏行为与环境损害间的因果关系，确定生态环境恢复的基线水平，并量化环境损害数额、补偿期间损害的过程[1]。从该定义可知，环境损害鉴定评估的主要程序包括鉴定前准备、损害程度调查、环境基线确定、因果关系判定、损害量化、生态恢复措施拟定以及鉴定报告编制形成等，环境损害鉴定评估是环境损害鉴定的主要内容，同时也是最具环境专业性的部分，通常直接影响鉴定结论。我国环境污染损害鉴定评估工作开端较晚且理论相对薄弱，直到 2007 年我国才颁布《海洋溢油生态损害评估技术导则》（HY/T 095-2007），

---

〔1〕 参见王兴利等：《环境损害鉴定评估领域难点探讨》，载《中国环境管理》2019 年第 2 期。

也就是第一个环境损害鉴定评估技术性文件[1]。但随着我国生态文明建设不断完善，2020年12月，生态环境部与国家市场监督管理总局联合发布了《生态环境损害鉴定评估技术指南总纲和关键环节　第1部分：总纲》（GB/T 39791.1—2020），其对土壤和地下水、地表水和沉积物、大气和水污染虚拟治理等具体环境要素评估拟定了国家标准，进一步规范了环境损害鉴定评估之法治体系。但当下，环境损害鉴定评估仍面临"损害调查难、基线确定难、因果关系判定难"三大难题，这也直接影响到环境损害司法鉴定质效，有待突破、解决。

1. 环境损害调查难

环境损害通常是在长期的环境侵权行为影响下，与各种环境因素、人为要素相互作用形成，具有累积性、综合性的特点，突发的环境损害，例如企业污水大量泄漏导致周边环境迅速受损，几乎无法预判，这些都成为环境损害调查中的难题。

专家指出，累积性环境损害是环境损害调查中比较有难度的一种[2]，由于污染物已经历经长时间的叠加、沉淀，易向周边环境要素扩散延伸，产生诸如吸附、分解等复杂的化学反应，导致污染物成分发生改变或是污染物流入深层地下水、溶洞、沟壑等地形，难以进行污染溯源、污染迁移路径查明以及污染范围确定工作。例如化工厂常年排放的有机污染物，历经环境变化，产生微生物分解、土壤吸附作用后，即使技术人员能够采集到污染样本但也难以溯源其初始污染种类与浓度。而突发的环境损害事件，环境损害调查之难题便在于调查人员往往无法第一时间到达污染地点，从事发到当事人提起诉讼，再到聘请鉴定人开展评估调查工作，需要经过法定期间，这是一个相对较长的过程，但污染可能随着时间稀释，在突发的水污染事件中，由于河水的流动性，污染物很快就能够从上游扩散

---

〔1〕　参见刘岩等：《中国生态环境损害鉴定评估现状及建议》，载《世界环境》2021年第6期。

〔2〕　参见王兴利等：《环境损害鉴定评估领域难点探讨》，载《中国环境管理》2019年第2期。

到下游，由主干到支干，使得环境监测工作无法有效开展。环境损害调查方式急需适时更新。

2. 环境基线确定难

环境基线是指污染环境、破坏生态行为发生前，鉴定评估区内生态环境及其生态系统服务的状态[1]。环境基线的确定关系到污染程度的评判，是开展后续污染价值量化、生态环境修复方案拟定的前提基础，根据生态环境部和国家市场监督管理总局发布的《生态环境损害鉴定评估技术指南总纲和关键环节 第 1 部分：总纲》可知，环境基线的确定可以依次选取历史数据、对照区域数据、建立模型以及对比环境标准的方式进行确定。

而作为最优先推荐的历史数据对比以及对照区域数据方法都在实践中体现出了一定的局限性。一是通过历史数据对比确定环境基线，如果能够对比区域环境污染前与污染后之状态，自然最为省时省力，同时也是最为有效的方法，但是环境损害发生的地点并不固定，具有随机性，在区域环境良好的情况下少有主体对环境开展持续性监测与记录，这也将耗费巨大的人力物力，不具有现实性，如此一来，环境损害发生又恰好具备环境监测条件的情况就少之又少了。二是通过对照区域数据确定环境基线，也即选取相似或者关联环境与污染地进行对比从而判断环境基线的方法。由于环境要素的复杂性，对照区域难以与环境损害地等同，将存在一定"误差"，故其选取至关重要，将直接影响环境基线评估的准确程度。此外，由于我国仅对土壤和地下水、地表水和沉积物、大气和水污染虚拟治理等部分环境要素设定国家标准，而暂未对其他各类环境要素均充分设定环境基准值，这也给环境基线确定工作增加了难度。

3. 因果关系判定难

在环境损害鉴定过程中，因果关系的判定是重要的一环，这是由环境侵权的特性决定的，侵权行为与损害结果之间需要"环境"介质进行因果传导，环境损害评估中的因果关系需要同时考量侵权行为与污染结果之因

〔1〕 参见梁增强等：《生态环境损害鉴定评估技术难点探讨》，载《环境与发展》2019 年第 12 期。

果以及污染结果与损害结果之因果。因果关系判定难体现在两个方面，一是环境诉讼因果关系举证难。这对双方当事人来说都是一个专业难题，我国出于平衡环境民事案件双方之证明压力等目的，将因果关系举证责任倒置，把较大的证明压力转而施加到侵权人。但根据学者对 2005 年至 2017 年的 120 份环境侵权判决书的研究显示，实践中存在法院要求被侵权人承担因果关系证明责任的情形，这一情况在更早之前的另一位学者关于 1993 年至 2015 年的调研中的比例占到了 81.1%[1]。数据表明，司法实践对因果关系举证责任倒置的做法存在一定程度的"抵触"，举证责任分配机制有待进一步完善，而这种"抵触"将直接导致双方对环境损害司法鉴定范围产生争议，进而影响鉴定实效。二是因果关系判定技术要求高。环境损害因果关系判定要求准确分析污染产生、迁移路径以及污染物转化情况等，这些都需要具有高水平化学分析和毒理分析能力人员的经验积累[2]，其中，污染源头与环境损害之污染同源性分析、环境破坏行为对受体造成损害的特异性分析都是令技术人员头疼的难题，依赖专业技术、设备以及结合环境、化学、毒理以及医学等多学科相结合综合性分析的能力，足见环境损害鉴定评估过程中因果关系判定所要求的专业之高。

（三）环境损害司法鉴定主体配置以及管理缺陷

环境损害司法鉴定主体是环境损害司法鉴定质量的决定性因素，在"鉴定为王"的当下，称之为"科学法官"亦不为过，故鉴定主体数量、配置、管理以及资质等问题，对于环境诉讼而言是案件推进、有效解决之关键。对此，2016 年 10 月，司法部、环境保护部联合印发的《环境损害司法鉴定机构登记评审办法》《环境损害司法鉴定机构登记评审专家库管理办法》，正式明确环境损害司法鉴定成为我国第四类实行全国统一登记管理的鉴定主体，同时完善了专家库管理办法。同年，两部启动了全国环

---

〔1〕　参见张子昕：《环境侵权因果关系的具体化标准与推定路径》，载《安阳师范学院学报》2021 年第 4 期。

〔2〕　参见过孝民等：《环境污染成本评估理论与方法》，中国环境科学出版社 2009 年版，第 43~50 页。

境损害司法鉴定机构登记评审专家库（国家库）专家遴选工作，并于 2017 年 4 月向社会公布了遴选结果，即《全国环境损害司法鉴定机构登记评审专家库（国家库）专家名单》，其中包括污染物性质鉴别、地表水和沉积物、环境大气、土壤与地下水、近岸海洋和海岸带、生态系统、环境经济及其他类 8 个领域共 298 位专家，据统计，截至 2019 年年底，我国环境损害司法鉴定机构已达 110 余家，环境损害类司法鉴定人 3000 余人[1]。但根据最高人民法院发布的《中国环境司法发展报告（2021）》显示，我国环境资源一审民事案件 2020 年收案数为 159 070 件、2021 年收案数为 175 261 件，与 2020 年相比，2021 年环境侵权案件在数量上明显增长，并在地域分布上呈现出"大部分省份增长，少部分省份持平或减少"的态势，这说明当前形势下，环境损害司法鉴定供给与需求严重失衡，现存环境损害司法鉴定专家数量无法满足实践所需，而且是远远不够的[2]。此外，各环境损害司法鉴定主体业务范围不统一、不全面，使得虽有鉴定机构但需要进一步询问业务范围、查找筛选，这无疑进一步加剧了供需失衡的情况。虽司法部、生态环境部联合印发的《环境损害司法鉴定执业分类规定》中，将鉴定划分为地表水与沉积物损害、空气污染等七大类，但鉴定名录搜索是按照损害类别展开，故当事人还需再次询问该鉴定机构是否承接具体环境要素的鉴定业务，有学者表示，依据我国当前鉴定机构的现状，能够进行全种类鉴定的环境损害司法鉴定机构几乎不存在[3]。

环境损害司法鉴定管理体系混乱。近年来，我国在环境损害司法鉴定主体准入侧加大完善力度，依次出台了准入以及专家评审细则，可以说环境损害司法鉴定准入制度初步建立，但对鉴定主体的管理体系却有待提升。具体而言，司法实践中，环境损害鉴定评估往往被细分为服务于行政

---

〔1〕 参见张强等：《我国生态环境损害司法鉴定发展历程与问题研究》，载《中国司法鉴定》2021 年第 4 期。

〔2〕 参见《中国环境司法发展报告（2021）》，载 https://www.court.gov.cn/zixun/xiangqing/361301.html，最后访问日期：2022 年 9 月 11 日。

〔3〕 参见郑梦兰：《我国环境损害司法鉴定制度的困境及完善路径》，载《南方论刊》2021 年第 4 期。

系统的环境损害评估，服务于生态环境损害民事赔偿磋商的环境损害评估和服务于司法系统的环境损害司法鉴定，三者在启动条件、运行程序等方面均有所区别、各有特点，却处于司法鉴定机构的统一资质管理之下，显然不妥[1]。此外，环境损害司法鉴定费用管理成为新的难题，有学者调查显示，在随机抽取的 25 个案件中，民事案件环境损害司法鉴定价格区间为 3000 元至 20 万元，波动幅度较大。缺乏统一收费标准，使环境损害司法鉴定陷入疑云。

三、完善环境损害司法鉴定之方案

（一）加强环境损害司法鉴定科学性审查

所谓科学性（可靠性）审查是指对环境损害司法鉴定所依据的技术的正确性、准确性予以考查，它强调以可靠的知识和学科经验为基础，即证据鉴真[2]，这是环境损害司法鉴定必不可缺的一环，是司法人员摆脱"鉴定依赖"、维护司法公正之原则的必要举措。当下，应当完善现有的环境损害司法鉴定科学性审查机制，并放眼世界，结合我国司法实际吸收有益经验，以推进我国环境诉讼侵权制度发展。

首先是贯彻以审判为中心的司法理念。鉴定人并非"科学法官"，不能够在无形之中顶替法官，对案件事实起到决定性作用。一方面，应当追究法官因为盲目采信环境损害司法鉴定或是怠于审查、未尽职尽责进行审查应依法追究其错判的法律责任，为法官悬上"达摩克利斯之剑"，督促其尽到应尽的审查义务；另一方面，当法官凭借自身判断，合理合法对环境损害司法鉴定进行完备审查后仍然出现错判的情况，属于法官行使自由裁量权的范畴，应当在一定程度上减轻或是免除其责任。此外，贯彻以审判为中心的司法理念，也应当在法律规范的层面消除对环境损害司法鉴定

---

〔1〕　参见王江：《环境损害司法鉴定：制度框架、现实困境与破解思路》，载《中国司法鉴定》2018 年第 2 期。

〔2〕　参见田亦尧等：《论环境损害鉴定意见的审查规则》，载《中国矿业大学学报（社会科学版）》2020 年第 3 期。

之"神化"，即使是经过国家有关部门认可的鉴定机构，其所出具鉴定意见亦需经过当事人质证、法官审查之后，方能成为定案的根据之一。

其次是完善具体环境损害司法鉴定科学性审查规则。例如在美国多伯特案中，美国联邦最高法院大法官布莱克蒙便确立了基本的科学性审查规则，第一，鉴定所运用的逻辑与方法在科学上应当有效并被适当应用于待裁决的事实；第二，该理论与技术是能够被检验的、具有可检验性；第三，应当考量该理论与技术已知的或潜在的误差发生率[1]。学界对科学性审查规则构建之观点分为宏观审查与个案审查相结合、根据技术类型分类审查两种，前者旨在审查技术原理、标准以及运用规范的宏观条件下，结合个案情况综合判断该鉴定之科学性；后者则将技术分为成熟运用的技术、不成熟的技术以及新型技术三种，分别采取对应的科学性审查规则，例如运用成熟的技术由于其误差率较低，便无须进行科学性审查[2]。两种观点都具有合理之处，但相比之下前者更符合我国司法实际，构建具有普适性的科学性审查原则能够解决环境因素过多、无法一一明确标准的难题，并缓解法律规范滞后性所带来的实践困境。

最后是强化诉讼过程中对环境损害司法鉴定的科学性验证程序。虽然我国设置质证环节、专家辅助人制度以期对司法鉴定进行一定程度的制约，但实际结果却无法达到制度初衷，由于专家辅助人现有诉讼地位（辅助诉讼参与人）无法与相对独立的鉴定人抗衡，其意见被确定为当事人陈述，只是法官的参考对象之一，无法与司法鉴定证明力"看齐"。故有学者提出，在环境司法专门化的背景下建立专家陪审员制度，聘请专家作为陪审员参与庭审[3]，以此解决专业性问题，制衡日益强势的司法鉴定人，不失为可行之举。

---

〔1〕 参见［美］肯尼斯·R.福斯特、彼得·W.休伯：《对科学证据的认定：科学知识与联邦法院》，王增森译，法律出版社2001年版，第318页。

〔2〕 参见赵杰：《司法鉴定意见科学可靠性审查》，载《证据科学》2018年第3期。

〔3〕 参见孙佑海、杨帆：《环境司法专门化背景下专家陪审员制度研究》，载《中国司法鉴定》2022年第1期。

（二）提高环境损害司法鉴定之技术实力

1. 更新环境损害调查方式方法

调整环境损害调查的现场勘测方式是缓解因地形原因导致污染物采集困难的有效方式，实践中污染物通过长时间累积、蔓延，出现多方迁移，并迁移至深层地下水、沟壑等难以取样的地形时，可转而选择携带便携式取证、采样设备进行初步取证或是快速取证。而对于无法取证的情况，可通过走访、询问周边居民的方式获取环境变化信息，从而辅助环境损害调查之判断，但访谈资料作为非专业人士主观意见的一种，对于环境损害鉴定评估应当仅起到有限的补充作用，需要谨慎验证、采用。而面对环境损害调查中常有的"突发事件"，加强预防以及应对能力是关键。就预防能力而言，加强重点区域环境监测能力而后构建区域间信息共享、联动协作机制，可以有效预防突发环境事件，当某一区域出现重大环境风险时，通过信息共享的方式将信息传达至各方终端，一是可以使各方及时采取阻断措施阻止污染物扩散，二是能够调动更多力量处理突发事件。就应对而言，环境侵权诉讼可以通过完善生态修复措施的方式做到减少因诉讼周期长而无法及时制止、阻断污染的情况，司法实践中，便有双方当事人协商采取生态修复等措施的方式"及时止损"。突发环境损害事件事发地有关部门应当强化突发事件应对能力，第一时间保护环境监测数据，记录环境损害调查所需信息，以顺利对接环境损害鉴定评估工作，减少时间成本。

2. 明确环境基线测定要点

历史监测数据以及对照区域对比评测的方法作为优先推荐采用的环境基线确定方法，虽然能够有效测定环境基线，但司法实践中仍存在监测范围与环境损害不对称、对照区域与受损地环境差异导致评估结果偏差的现实难题。对此，应进一步明确两者运用时需要注意的要点。其一是加强环境监测力度，扩大环境监测范围。通过解析污染排放官方数据、可能存在污染的企业住所数据，对环境损害进行"预判"，在存在潜在环境损害的地点进行持续性监测或是加强与环境风险企业沟通、协商，通过合作的方式提高环境监测能力，以减少环境监测面小而难以获取历史数据的情况。

其二是选取对照区域时的注意事项，一是重点选取距离污染地点较近但未受污染影响的地点；二是注意对照区与评估区的历史功能、生态系统功能和服务水平等重要环境因素的相似性[1]。只有确保以上两点，方能减小误差，提高采用对照区域方法测定环境基线的准确性。

提高将法定环境标准作为环境基线、建模推算环境基线方法的适用率。当前，我国逐渐完善各环境要素评估标准，虽然存在种类的局限性，但其总体呈不断扩充趋势。将法定环境标准作为环境基线的优势在于其权威性，通过对比国家标准，即使法官缺乏环境专业知识也能够凭借相应的裁判经验，明了环境受损前后差异，同时也能够很大程度上减少环境调查成本。而建模推算作为一种兜底的评估方法，在缺少历史数据、对照区域以及法定标准的情况下可以采用科学手段，谨慎适用。虽建模推算基线的方法也具有科学性，但相对其他方式存在更大的误差率，故司法实践中应当谨慎考量其适用。

3. 完善环境损害因果关系判定模式

针对环境损害因果关系证明责任分配的"法定与实践"冲突，将环境损害因果关系证明路径具象化，辅之以经验法则的合理运用，能够有效缓解环境侵权诉讼中双方当事人对因果关系进行证明的难题[2]。根据《民事诉讼法》的相关规定，当事人需要掌握初步的证据证明己方损害以及损害行为人，方可提起环境侵权诉讼，若司法实践中尚存在法院不倒置举证责任之情况，则当事人还需提供两者关联性的初步证明。对此，为更好地保护当事人权益，应当为其面临该情况之时，提供一定的解决路径，一方面，明确证明因果关系所需要的证据材料至少应当包括侵权行为事实、污染传播事实、污染物与被侵权人之联系以及被侵权人损害事实。另一方面，合理运用经验法则判断因果关系。所谓经验法则，是人们在社会实践

---

〔1〕 参见於方等：《环境损害鉴定评估关键技术问题探讨》，载《中国司法鉴定》2016 年第1 期。

〔2〕 参见张子昕：《环境侵权因果关系的具体化标准与推定路径》，载《安阳师范学院学报》2021 年第 4 期。

中依据经验所归纳出来的有关事物性质、状态及事物间联系的知识，它是在特定时空范围带有普遍性的规律和现象[1]，面对符合经验法则，运用日常生活经验便能推导解决的案件事实，法院应当予以认可。

而针对环境损害因果关系评估技术的缺憾，一方面，需要对口增加专业人才培养；另一方面，则需要增强因果关系评估过程中各类科学技术运用的熟练程度，不断通过实践累积相关经验。例如进行环境损害污染物与污染源同源性分析时，根据实际情况有选择性地采用数理统计法、指纹图谱分析法、同位素化学分析法以及遥感分析法等多种技术方法予以综合应对，如此一来便可在一定程度上缓解当下的技术难题[2]。

（三）完善环境损害司法鉴定主体之配置与管理制度

环境损害司法鉴定主体数量与实践需求不符，前者无法满足后者，这便需要适当增加环境损害司法鉴定主体数量、加强鉴定机构建设。当前，环境诉讼案件数量逐年增加，这意味着，今后环境侵权损害司法鉴定之需求将有增无减。面对压力，国家可以适当采取激励机制引导更多适格主体加入鉴定主体行列，而更为重要的是，环境科学教育之完善，由于环境损害涉及学科范围广、需要综合性人才，但司法实践中，各鉴定机构范围不统一，难以全面满足鉴定需求的情况，这需要我国从根本上、有针对性地培养更多专业型、复合型人才，重视环境学科专门化、交叉学科建设趋势，培养更多高质量人才以解决实践困境。有学者指出，鼓励高校等科研机构直接进入环境损害司法鉴定领域、参与市场竞争，可以实现鉴定主体多元化并促进行业健康发展，不失为良策[3]。而鉴定机构区域配置应当符合司法实际，可以明确的是，应当保证各省份都有自行启动环境损害司法鉴定之能力，根据《中国环境司法发展报告（2021）》，近两年仅有上海、海南、甘肃、西藏、宁夏5个省、自治区、直辖市没有发生过环境侵

---

〔1〕　参见李江海：《经验法则及其诉讼功能》，载《证据科学》2008年第4期。

〔2〕　参见王兴利等：《环境损害鉴定评估领域难点探讨》，载《中国环境管理》2019年第2期。

〔3〕　参见王江：《环境损害司法鉴定：制度框架、现实困境与破解思路》，载《中国司法鉴定》2018年第2期。

权诉讼〔1〕，可见在全国地区都有配置环境损害司法鉴定主体之需要。同时，因为各个省市的环境公益诉讼案件分布广而不均衡，鉴定主体配置应当根据案发数量适当调整，避免部分地区鉴定能力极强而部分极弱的两极分化现象。

　　环境损害司法鉴定主体管理制度适当与否，将极大程度影响司法鉴定质量以及当事人与鉴定主体间的秩序，虽鉴定主体总体数量不足，加强准入制度建设至关重要，但若缺乏有效的管理制度，环境损害司法鉴定亦难以发挥实际效用。一方面，应当适时调整环境损害司法鉴定管理模式，其专门化立法既符合国际经验，也契合我国环境司法实际〔2〕，应当完善专门的环境损害司法鉴定法律规范体系建设，根据环境案件特点完善程序启动、运行具体程序；另一方面，面对环境损害鉴定收费标准波动大的问题，需要明确的是，环境损害鉴定本身便是一项需要投入巨额成本的事项，但当事人对收费标准享有知情权，应当推动收费标准的公开、可视化，以减少社会对环境损害司法鉴定制度运行时的质疑。

---

〔1〕　参见《中国环境司法发展报告（2021）》，载 https://www.court.gov.cn/zixun/xiangqing/361301.html，最后访问日期：2022 年 9 月 11 日。

〔2〕　参见蒋亚娟、肖歌予：《环境损害司法鉴定制度研究》，载《中国司法鉴定》2021 年第 3 期。

第八章

环境侵权诉讼的专家辅助人

环境侵权诉讼专家辅助人制度与鉴定制度相辅相成，共同提高了环境侵权案件审理的环境专业性。完善我国环境侵权诉讼专家辅助人制度有其必要性和正当性，其必要性体现在弥补鉴定制度不足，遏制庭审虚化现象以及保障当事人诉讼权利，推进环境侵权诉讼庭审专业化；而其正当性表现在顺应我国环境侵权诉讼专业化发展趋势以及国际上加强环境侵权诉讼专家辅助人相关制度的潮流。面对当下，专家辅助人几近被"忽视"或是被司法鉴定取代的现状，应调整环境侵权诉讼当事人地位、完善专家辅助人的准入门槛，并且规范专家辅助人参与庭审的程序，以促进该项制度向纵深发展。

一、厘定环境侵权诉讼的专家辅助人

完善环境侵权诉讼专家辅助人制度具有必要性。由于环境侵权诉讼案件类型的特殊性，环境侵权行为并不直接作用于被侵权人，而是需要通过"环境"这一介质进行因果传导，这便决定了法官与当事人在诉讼过程中将面临更多法律知识、生活经验之外的专业难题。对此，我国确立了"鉴定人+专家辅助人"并行的制度，以期解决环境侵权诉讼中的专业难题。但司法实践中两者发展并不"均衡"，逐渐形成"鉴定为王、一家独大"的情态。一方面，司法鉴定制度并不完善，尚存在鉴定机构少、人手不足的问题；另一方面，法院早已对鉴定意见形成一定程度的"依赖"，鉴定人大有"鸠占鹊巢"成为"科学法官"之势。如此一来，不仅专业问题难保有效解决，基本的司法公正也将难以保障。完善环境侵权诉讼专家辅助人制度，一方面可以弥补鉴定制度不足，遏制庭审虚化的现象，专家辅助人可以在庭审中对专业问题、鉴定意见阐述自己的观点，对鉴定人起到一定的制衡作用，同时，为法官提供不同的专业视角，辅助其作出更为客观的判断。另一方面可以保障当事人诉讼权利，推进环境侵权庭审专业化。由于我国专家辅助人是由当事人聘请的，专家辅助人可以很好地补充当事人对专业问题的了解、解决能力，进而增加其诉讼实力。与此同时，推动环境侵权诉讼整体的专业化进程。故当下完善环境侵权诉讼专家辅助人制度不仅是满足专业问题解决之必要，更是弥补制度缺憾之必要。

从世界范围看，专家辅助人制度的运用已经趋于成熟。最初为了解决诉讼中的专门问题，我国从日本引入最初源于英国的专家辅助人制度，并于 2002 年立法确立。但该制度在我国发展缓慢，至今暂无明确的、可适用于当事人申请专家辅助人出庭情况的具体制度运行规定，导致环境侵权诉讼中，当事人申请专家辅助人时间点、庭审专家辅助人发言次序以及相应追责机制等具体规则都未完全构建，司法实践中需要法官自行定夺，导致适用混乱的情况。我国专家辅助人制度具有完善的正当性，虽发展缓慢，但其在我国有相应的制度基础，近年来，我国进一步明确了专家辅助人意见之证据属性、诉讼地位以及检察机关聘用专家辅助人细则。而美国、英国专家证人以及德国的专家辅佐人制度都已经相当完善：美国的专家证人可由当事人聘请也可由法院主动聘请，其在庭审中的作用主要体现在专业问题之解析上，就作证方式而言，美国的专家证人不限于采用证言的方式作证，也可通过专门技术、方案达到证明目的，虽为当事人聘任但其需要保持一定的客观、中立性，美国同时规定了专家证人豁免制度；英国专家证人制度历史相对悠久，与美国相似，但从庭前证据开示以及庭审证人交换意见之程序上看，英国的专家证人制度更完美地实现了当事人权利保障以及专家意见客观中立的平衡；而德国的专家辅佐人制度，是根据聘请主体进行二分，法官聘请的专家为鉴定人，也是实践中的多数情况，而当事人聘请的专家则为专家辅佐人，其意见被视为当事人一方发言，暂不具备独立的证据效力。可见，国外专家辅助人制度不断完善发展，我国环境侵权诉讼专家辅助人制度之完善可以在契合我国司法实际的情况下"博采众长"，其发展亦具有正当性。

环境侵权诉讼专家辅助人制度有待进一步完善，具体而言，应当从以下三个层面出发：一是调整专家辅助人诉讼地位。当前专家辅助人被定位为依附于当事人的诉讼参与人，其意见被归类为当事人陈述，如此一来，专家辅助人在庭审中受制于聘用关系，将具有天然的偏向性，失去原本的客观、中立立场。把专家辅助人意见归类为当事人陈述，将使其无法与鉴定意见抗衡，当事人陈述本身变为待补强证据，与聘请专家辅助人初衷产生基本逻辑冲突。基于此，将专家辅助人诉讼地位调整为专家证人较为合适，更可以发挥其初原的制度定位。二是设置准入门槛。准入门槛之缺失将导致司法实践中专家辅助人专业资质鱼龙混杂，导致专业水准参差不齐，对此，应当完善专家准入标准，建立专家智者库、设定专家辅助人选取范围，同时，完善专家辅助人考察范围。三是规范参与程序。针对专家辅助人庭审发言次序，尝试建立专家辅助人宣誓制度并完善相应追责机制，以促进环境侵权诉讼专家辅助人制度之完善。

二、环境侵权诉讼专家辅助人之必要性与正当性

（一）必要性

环境侵权是一种特殊的侵权类型，比之普通侵权，环境侵权证明过程更加依赖专业知识、专业技术，这无疑加剧了当前的环境司法工作的挑战性。环境侵权的特殊性主要体现在损害"传导"以及侵权客体两个方面，一方面是损害"传导"之独特，众所周知，普通侵权行为与损害结果间的传导关系表现为"行为—结果"，具有直接性，侵害行为一旦发生，例如人身、财产权利便直接遭受侵害，导致权利损害结果。而在环境侵权当中，环境侵权行为与损害结果之间不具有前述的直接性，环境侵权行为最初并非直接针对被侵权人进行，而是生态环境。侵权人破坏生态环境后，环境污染结果进而损害人的权益，故行为与结果间的传导关系表现为"行

为—环境—结果"，具有间接性，且从环境污染到被侵权人权利受损通常是一个相当漫长的过程，例如常州毒地案，三家化工厂盘踞半个世纪之久方形成危险"毒地"。在如此长的时间跨度之下，案件证据也将随时间流逝慢慢消散，加大取证难度，同时这也意味着，环境侵权案件中司法工作者至少需要证明环境侵权致环境损害以及环境损害致权利损害的两组因果关系。另一方面是侵权客体之特殊。作为环境侵权案件客体之一的"环境"，是一个复杂的整体，如果说普通侵权客体，例如人身健康、财产安全等，法官可以依据常识进行推断的话，那么"环境损害"便具有许多超乎常识、依赖专业知识才能够准确判断的问题，例如环境司法实践中通常需要对环境损害范围、损害程度、因果关系认定、污染物鉴别、生态修复方案等事项作出准确判断，而这些属于都需要运用环境科学专门知识以及技术加以鉴别评判的科学问题[1]。但法官并不都是科学家，大部分法官除了专精法律知识以外并不具备环境专业知识，故无法运用普通的逻辑推演以及经验法则完成环境侵权案件中的科学认定，这些知识是超规格的存在。但从另一个角度看，若法官对环境科学没有一个大致的了解，甚至无法进行独立判断，那么便无法维持"中立、客观"的立场，无法保障司法公正。

对此，我国开始推行环境司法专门化与专业创新化发展，以加强环境侵权案件专业水准。一是，逐步完善环境案件由专门审判庭进行审理、逐步明确环境资源案件的判断标准，形成了不同的环境诉讼类型；二是，从环境方面的司法解释特征中可以看出，涉环境类型案件相关司法解释出现明显的"跨界"，不仅是将环境价值纳入法律考量、设定环境案件特殊程序，更有加入专业环境科学知识、标准于其中[2]。这些都足以说明，作为特殊侵权类型的环境侵权，有进一步增加其专业性、科学性的必要。

---

〔1〕 参见金自宁：《作为科学证据的环境损害鉴定评估——基于环境司法案例的考察》，载《法学评论》2021年第5期。

〔2〕 参见吕忠梅、刘长兴：《环境司法专门化与专业化创新发展：2017—2018年度观察》，载《中国应用法学》2019年第2期。

为了强化环境侵权诉讼中的专业性，根据《民事诉讼法》《公益诉讼的解释》等相关法律规定可知，我国建立了专门的鉴定人、专家辅助人制度，但从目前来看，两者在环境诉讼中的发展并不"均衡"，司法实践中出现法官以"鉴定为王"，而专家辅助人意见则陷入性质争议、难以适用的尴尬境地，无法进行有效的专业互补。对于两者关系，有学者认为环境侵权诉讼鉴定人制度与专家辅助人制度不存在本质不相容的情况，而应当在相互独立的基础上，起到一定的互补作用[1]。是否运用鉴定并非寻求专家意见的前置条件，专家辅助人能够为庭审、调解以及审判等诉讼过程提供有力的专业意见，而鉴定人则依据其专业知识与设备作出更为客观的司法鉴定，两种科学证据的存在，能够展现出更加全面的"案件事实"，使法官拥有更加全面的审判依据。鉴定意见为案件专业问题做出客观判断，而专业辅助人意见则为当事人提供了检验、推翻该"客观真实"的能力与可能性，使庭审不至于"一家独大"，从这个角度看两者又是相互制约、缺一不可的。

当前司法实践中，司法鉴定尚存在制度运行缺憾以及证据证明力异化的问题，突出了完善专家辅助人制度之必要。一方面，环境侵权诉讼司法鉴定问题有待进一步解决。我国司法鉴定人在环境侵权诉讼中需要扮演客观、中立的角色，通过运用具备的专业技术、知识以及设备，解决案件中对口的专业问题，司法鉴定是辅助法官了解专业问题进而形成心证推进审判工作的重要依据，但目前能够胜任环境案件司法鉴定工作的机构不足，真正具备科学鉴定能力以及条件的鉴定机构较少[2]，且现有环境司法鉴定机构、鉴定人员的专业性、规范性等能力明显不足，导致鉴定结论的公信力、权威性不够[3]。此外，由于鉴定意见个案差异大，环境损害等事

---

〔1〕　参见张旭东、彭源：《环境民事公益诉讼智力支持研究》，载《山西农业大学学报（社会科学版）》2016 年第 10 期。

〔2〕　参见张旭东、彭源：《环境民事公益诉讼智力支持研究》，载《山西农业大学学报（社会科学版）》2016 年第 10 期。

〔3〕　参见吕忠梅、刘长兴：《环境司法专门化与专业化创新发展：2017—2018 年度观察》，载《中国应用法学》2019 年第 2 期。

项的鉴定又并未建立起统一、规范的鉴定程序，缺乏甄别、择取机制，直接导致司法鉴定说服力下降，也难以解决存在多份司法鉴定时的选择问题。另一方面，司法实践中司法鉴定的证明力异化，司法鉴定本身在法官审判过程中从"辅助"作用变为"决定"作用。一份关于法院采信鉴定意见的案例研究收集了 98 份环境侵权诉讼中运用鉴定意见的司法判例，得出法官采信或基本采信的为 91 份，采信率高达 93%〔1〕，环境侵权诉讼中法官对于司法鉴定过度依赖，以至于出现"鉴定高于一切""无鉴定不审判"的乱象，同时，由于双方当事人缺乏环境专业知识，也难以对司法鉴定提出有效质疑，鉴定人由此顺理成章地成为庭审的"科学法官"。在这种趋势之下，双方当事人转而追求利于己方之鉴定，诱发鉴定业界偏离公正、中立角色，转而逐利，这不仅不利于司法公正，更是对专业权威的蚕食。

环境侵权司法鉴定制度的"前车之鉴"明确了完善专家辅助人制度之必要。专家辅助人制度于环境侵权诉讼之益处，主要表现在以下几个方面：

第一，弥补鉴定制度不足，遏制庭审虚化现象。在民事诉讼中，司法鉴定虽可由当事人申请进行，但需要由双方协商确定，协商不成的由法院指定鉴定人，可见，当前的司法鉴定规则对于一方当事人具有较大的限制，申请鉴定需要处于对立立场的双方协商，本身并非易事，而协商不成时则法院拥有选择鉴定人的最终决定权，当事人无法单方面自行寻求专业司法鉴定。诉讼中的鉴定充满"职权色彩"，但是另一方面，国家并未建立全面的鉴定机构登记管理制度，甄别鉴定人资格、判断意见准确性仍成问题，对此，《全国人民代表大会常务委员会关于司法鉴定管理问题的决定》规定，对法医类、物证类以及声像资料实行登记管理制度，环境相关司法鉴定并未被纳入其中，以至于造成前文所述之环境侵权案件司法鉴定人手不足、质量堪忧的尴尬局面。当事人单方司法鉴定受限，但诉讼中各方举证责任并不会因此有所"偏移"，在无法选择合适鉴定人的情况下，

---

〔1〕 参见王灿发、张天泽：《论环境诉讼中专业意见的证明力》，载《证据科学》2021 年第 6 期。

当事人往往难以对己方主张进行充分证明，将直接增加败诉风险，而专家辅助人制度则有效地弥补了这个问题，由于专家辅助人并不具有鉴定人那般严苛的选择规定，当事人可自由聘请专家对专业问题进行充分阐释，进而保障诉权，同时，专家辅助人的加入亦能够有效缓解鉴定人手不足之难题。而环境侵权诉讼司法实践中存在的司法鉴定定位异化，成为直接定案依据的做法，则使得庭审实际上流于形式，因为普通的当事人、律师根本不具有质证鉴定意见之能力以及权威性。有学者言，避免证据被任意采纳为定案根据、为证据转化为定案根据设定必要的条件，属于证据法所要解决的头号问题[1]，环境侵权诉讼亦然。鉴定意见虽为专业人士运用专业设备、科学知识所作的"客观推断"，但终归为主体主观意见，其并不等于客观事实、准确度无法达到百分之百，直接将其作为定案依据不仅不具备合理合法性，反倒是对"科学"理念之违背，故鉴定意见虽重要但不能够对其轻易采纳，需要通过严格的合法性审查以及庭审质证。专家意见便能够增强当事人庭审中对于鉴定意见的审查、质疑能力，能够有效对其进行制衡，找出其中破绽，进而推进环境侵权诉讼庭审中对于相关专业问题的实质性审查，改变"一家独大"的局面。

第二，保障当事人诉讼权利，推进环境侵权庭审专业化。专家辅助人制度之重要性不仅体现在与司法鉴定的互补互强，更直观地体现在对当事人诉讼权利保障的重要作用。民事诉讼法为了保障当事人权利进行了许多制度设计，其中最为有力的便是律师制度，律师的存在，弥补了当事人不懂法、不擅运用法律武器的缺陷，让当事人在庭审前有效地知晓诉讼风险、明晰法律因果进而进行有效应对，而庭审中律师则运用专业知识为当事人或争取权利，或有效辩护，律师的重要性不言而喻。但环境侵权诉讼中所涉及的专业问题，往往仅凭生活常识以及法律知识难以解决，可以说环境科学专业知识难度不亚于甚至更甚于法学学科，专业问题不仅是法官的难题，更是作为诉讼代理人的律师的难题，若无法通晓其中专业内涵，

---

[1]　参见陈瑞华：《刑事证据法学》，北京大学出版社 2012 年版，第 70 页。

那么律师实际上失去了前述作用，更无法有效保障当事人诉讼权利。专家辅助人制度可以弥补当事人、诉讼代理人环境专业知识的缺陷，增强其诉讼实力，通过提供专业意见辅助当事人、诉讼代理人行使权利，使其更好地适应对抗式庭审，同时推动环境侵权诉讼整体的专业化。

（二）正当性

专家辅助人能够在一定程度上补充环境侵权案件中法官的专业知识，同时，专家辅助人制度也可以辅助、制衡司法鉴定制度，增加当事人在专业问题方面诉讼实力之期许。专家辅助人制度最早起源于 14 世纪的英国，其雏形是当时英国的专家证人制度，起初专家辅助人充当的并非依当事人申请而参与庭审、辅佐当事人的角色，而是受法院指定，在庭审中发挥法官办案的作用[1]。专家辅助人是学理上的概念，在我国相关法律中其被明确为"具有专业知识的人"，但法律并未进一步明晰其具体释义，直至 2018 年最高人民检察院公布的《关于指派、聘请有专门知识的人参与办案若干问题的规定（试行）》第 2 条之规定，该规定中"有专门知识的人"是指运用专门知识参与人民检察院的办案活动，协助解决专门性问题或者提出意见的人，但不包括以鉴定人身份参与办案的人，而"专门知识"则指特定领域内的人员理解和掌握的、具有专业技术性的认识和经验等。通常，专家辅助人由当事人申请、法院审批后参与庭审，上述定义在主体上限定为参与人民检察院办案活动的有专门知识的人，不具有普适性。对此，有学者认为，专家辅助人是指接受当事人委托，经过法定程序出庭代表当事人就专业性问题进行解释、说明以及对鉴定意见进行质证或者对涉案专业问题发表意见以协助当事人进行诉讼的专业人士[2]，该定义明确了专家辅助人当前在我国的性质定位，具有通识性意义。

专家辅助人制度的建立与完善与环境侵权诉讼专业化发展趋势相契合。我国环境侵权诉讼早期仅有环境侵权诉讼一种，而今环境侵权诉讼、

---

〔1〕 参见周湘雄：《英美专家证人制度研究》，中国检察出版社 2006 年版，第 146 页。

〔2〕 参见毕玉谦等：《民事诉讼专家辅助人制度研究》，中国政法大学出版社 2017 年版，第 4 页。

环境公益诉讼以及环境损害赔偿诉讼并行，环境诉讼不断专业化、精细化，而不论是哪一种环境诉讼，都具有天然的"专业性"，由于侵权行为与损害结果之间夹杂"环境"作为因果传导介质，诉讼中，法官与当事人都不得不面对诸如环境损害程度认定、因果关系认定以及生态修复措施拟定等复杂的环境科学问题，专家辅助人便是回应、解决这些专业难题的存在。专家辅助人制度亦顺应了职权主义与当事人主义相互借鉴、融合发展之趋势。我国传统的鉴定制度充满职权主义色彩，虽然能够较大程度上解决环境侵权案件中的专业问题，但实践中终究陷入了将鉴定意见充当为"标准答案"、以"鉴定为王"的做法，极大地挤压了当事人的诉讼空间，亦不利于保持法官的公正、客观性。专家辅助人制度使得当事人双方有机会对专业问题、鉴定意见充分进行质证、对抗，保障并延伸了当事人权益，可以在一定程度上修正环境侵权案件中浓厚的职权主义，吸收了当事人主义之优点，为庭审专业问题的解决提供更多视角与观点，让法官有机会对专业问题有更加充分的了解，通过比较、分析而形成的内心确信较之笃定"一家之言"更具客观性。

有学者总结，专家辅助人制度在我国民事诉讼法当中历经萌芽、探索以及确立和完善阶段[1]。总的来说，其发展相对缓慢，专家辅助人制度虽然早在 2001 年发布的《民诉证据规定》第 61 条对专家辅助人制度进行概括性明确，但其诉讼地位、具体启动、运行程序都并未详细规定，2018年发布的《关于指派、聘请有专门知识的人参与办案若干问题的规定（试行）》，规定了检察院申请专家辅助人出庭的具体细则，其能否类比运用到普通当事人申请的情况中尚未明确，直至 2019 年《民诉证据规定》之修正也仅仅是进一步限定了专家辅助人能够发表意见的范畴，2020 年《民诉解释》将专家辅助人之意见定性为"当事人陈述"，间接确定了其辅助诉讼参与人之诉讼地位。于环境诉讼相关法律方面，2015 年《环境侵权责任的解释》以及 2015 年《公益诉讼的解释》都对专家辅助人制度进行跟

---

[1]　参见吴明泽：《我国民事诉讼中专家辅助人制度的研究》，延边大学 2021 年硕士学位论文。

进，并举例罗列了其能够在环境诉讼中发表意见的范围，包括"鉴定意见或者污染物认定、损害结果、因果关系等专业问题""鉴定意见或者就因果关系、生态环境修复方式、生态环境修复费用以及生态环境受到损害至恢复原状期间服务功能的损失等专门性问题"，两则解释分别于2020年修正之后，前者增加了"修复措施"这一专家意见范畴，而后者将"生态环境受到损害至恢复原状期间服务功能的损失"修改为"生态环境受到损害至修复完成期间服务功能丧失导致的损失"，可以说都不是针对专家辅助人制度本身的完善，专家辅助人在环境侵权诉讼当中的适用不具有特殊性。

与国内专家辅助人制度近乎"停滞"的发展模式相比，国外相关法律制度的发展则较为成熟并且充分地运用到了司法实践当中。

其一，是美国的专家证人制度，英美法系中专家证人制度历史悠久，根据美国《联邦证据规则》的规定，当事人可自由聘请专家证人参与庭审，当事人有权根据自己的标准选择能够支持己方观点或是中意的专家证人，当然，专家证人也负有客观、公正的义务。此外，为了更好地解决诉讼中的专业问题，法院也被授予聘请专家证人的权利，对此，当事人并无置喙的权利。美国专家证人具有相对独立的诉讼地位，这是由当事人主义、对抗式庭审所决定的，并且专家证人与普通意义上的证人不同，陪审团对专家证人之证言考评，侧重于其专业知识、理论依据以及推理过程等专业因素，专家证人庭审作证的方式不限于证言，可以用其他方法作证，将可行的技术或是方法运用到案件事实证明之中是法律所认可的[1]。专家证人在庭审中需要接受法官以及对方当事人的询问、质询等诉讼程序，专家证人虽为当事人一方聘请参加庭审，但其具有保持一定程度的客观、中立立场之义务，需要及时有效地发现对方漏洞、为当事人提供基于专业知识的有效服务。此外，为了保障专家证人在庭审中有效发言的权利，美国也确立了专家证人责任豁免原则。

其二，与其说英国的专家证人制度与美国的相似，相较于美国，英国

---

〔1〕 参见白绿铉、卞建林译：《美国联邦民事诉讼规则证据规则》，中国法制出版社2000年，第226页。

专家证人制度有着更为悠久的历史渊源。英国民事诉讼中，双方专家证人负有庭前专家证据的开示义务，庭前阶段需要交换专家证人的书面报告，以向对方预先披露，并指示专家进行会面讨论，双方当事人若认为专家报告中有冲突或者需要澄清之处，须在法定期间内以书面形式向专家证人提出。若未经历庭前专家证人证据开示，则该专家证言不得作为证据使用，当事人申请该专家出庭支持诉讼的请求也将增加被法院驳回的可能。此外，法院可以根据案情需要，在诉讼的任意阶段指令专家证人对相关专业问题进行讨论，双方专家证人在法院的监督下，就指定问题交换意见、进一步明晰，并将统一的以及不统一的讨论情况全都如实地记载于"联合声明"之中，该声明对双方专家证人均有约束力，但并不涉及当事人，除当事人表示同意并认可的情况外，联合声明并不对其产生法律效力〔1〕，英国的专家证据开示以及讨论制度设计兼顾了维护当事人权益以及专家自身的客观、专业性。

其三，在德国，由法院聘请专家的情况更为多见，而当事人聘请专家的较少，与我国类似，前者被称为鉴定人，而后者则为专家辅助人，由于当事人聘任的专家与之属于金钱上的聘任关系，故专家辅助人通常不受法院重视〔2〕。各类专家辅助人的诉讼地位根据分类的不同而不同，法院聘请的专家具有更为独立的诉讼地位，类似于证人，适用回避制度，其庭审发表的意见也属于法定证据种类之一。法院与其聘任专家联系紧密，根据德国《民事诉讼法》第 404 条第 1 项规定，专家辅助人（鉴定证人）的选任及其人数，均由受诉法院决定〔3〕；而由于当事人聘任的专家，其发表的意见效力都及于当事人，故其诉讼地位归为诉讼代理人更为合适，专家辅助人意见被归类于当事人一方意见当中，并不属于独立的证据类型。按照德国《民事诉讼法》的相关规定，法院选取专家之前会率先准备一份专家清单，当事人可以对其中的专家申请回避，法院对申请进行审查后享有

---

〔1〕　参见宫雪：《英国专家证据的评价与采信》，载《中国司法鉴定》2022 年第 2 期。

〔2〕　参见孙婷婷：《民事诉讼专家辅助人制度研究》，南京财经大学 2020 年硕士学位论文。

〔3〕　谢怀栻译：《德意志联邦共和国民事诉讼法》，中国法制出版社 2001 年版，第 99 页。

最终定夺的权利。庭审中，专家辅助人需要承担客观、中立的义务，需要在法官指定的问题范围内阐释专业意见，而当事人及其代理人可以对专家进行询问，若专家观点最终没有说服法官，法官还拥有重新选聘专家辅助人之权力[1]。

足见，域外专家辅助人相关制度较为健全，能够为我国专家辅助人制度之完善提供良好的范例，使其发展符合世界潮流。此外，在国家愈发重视环境问题解决的语境下，环境侵权诉讼中专家辅助人的作用也将在司法实践中更加凸显，故其完善具备了顺应国际相关制度发展与国内现实需求的双重正当性。

三、环境侵权诉讼专家辅助人制度的完善建议

（一）调整诉讼地位

民事诉讼地位意指民事诉讼当中各方诉讼参与人于民事诉讼法律关系中的位置[2]，例如当事人、诉讼代理人、证人以及鉴定人等，但专家辅助人并不属于其中之一。"专家辅助人"之称谓是依据其诉讼作用、功能与目的而进行的学术性总结，我国民事诉讼法暂未将其立法明确，而是将其表述为"具有专门知识的人"。专家辅助人地位之争，从制度发轫至今依旧火热，2001年《民诉证据规定》中明确，当事人可以向人民法院申请一定数量的具有专门知识的人员就案件专门问题进行说明，法官、双方当事人可以对其进行询问，双方具有专业知识的人可以进行对质，也可对鉴定人进行询问，我国专家辅助人制度由此确立，但法律却并未进一步明确其诉讼地位。学界关于其诉讼地位的观点主要分为专家证人、诉讼辅助人，即当专家辅助人作为证人出庭则为专家证人，若其受聘于一方当事人仅在举证质证环节发表专业意见则为诉讼辅助人。由于专家辅助人诉讼地位模糊，早期环境侵权诉讼司法实践运用困难，制度发展缓慢，对此，

---

〔1〕 参见孙婷婷：《民事诉讼专家辅助人制度研究》，南京财经大学2020年硕士学位论文。

〔2〕 参见邵子婕、包建明：《民事诉讼中专家辅助人问题研究》，载《中国司法鉴定》2020年第2期。

2015年发布的《民诉解释》第122条第2款规定"具有专门知识的人在法庭上就专业问题提出的意见，视为当事人的陈述"，结束了实务层面专业辅助人性质之争，该规定明晰了专业辅助人作为诉讼参与人之地位，其意见在庭审中将作为言辞类证据的一种。但专家辅助人制度设立初衷，寄希望于制衡民事诉讼司法鉴定"一家独大"的扭曲现状，便需要专家意见具有相当的客观、公正以及专业性，同时更需要具备能够与鉴定意见在证据地位上"同台竞争"之能力。对其初衷，2019年《民诉证据规定》将原第61条拆分为第83条和第84条，同时补充规定"有专门知识的人不得参与对鉴定意见质证或者就专业问题发表意见之外的法庭审理活动"，更加明确了专业辅助人所需要的专门性以及对鉴定意见的制衡性。

专家辅助人之意见设定为当事人陈述，至少产生以下两个矛盾：其一是定位矛盾。如前所述，专家意见在环境侵权诉讼中应当具备与鉴定意见相当的客观、公正以及专业性，形成"鉴定意见+专家意见"双轨并行，相互补强、互为犄角地推进案件专业问题解决。一方面，保持鉴定制度的优势；另一方面，防止鉴定人过度介入诉讼而成为实际的事实审理者，有利于法官综合各方面因素对诉讼中的专业问题作出更客观的判断。但当事人陈述作为言辞类证据，具有主观性、待补强性，与专家意见定位所需的客观性、专业性相左。将专家意见归类为当事人陈述，无异于法院默认专家意见具有偏向性，司法实践中早已存在据此不认可专家意见的先例，其证明力相当有限。此外，将专家意见作为当事人陈述还将产生一个显见的逻辑问题，专家意见本是用以证明关键问题的，但现状之下，又需要寻找更为有力的证据支撑专家意见，补强其证明力，可见其定位已经偏离初衷。其二是制度设计矛盾。据2019年《民诉证据规定》可知，专家意见需要对鉴定意见起到一定的制衡作用，但作为当事人陈述，根本不具有与鉴定意见"同台竞争"之能力，鉴定人作为独立的诉讼参与人具有法律地位上的优势，专家辅助人则具有附属性，可以说鉴定意见得到了法律的"天然偏袒"，造成虽然专家辅助人与鉴定人可能在专业学识上相差无几，但前者却"人微言轻"。

有学者认为，专家以证人之身份参与诉讼更为合理，将专家辅助人当前诉讼地位调整至专家证人更契合我国的司法实际，并且至少存在两者出庭方式一致、证明内容同一以及意见性质相似的共通性〔1〕。专家证人之诉讼地位亦可保障环境侵权诉讼中专家意见证据效力、保障其设立初衷所追求的客观与专业性，真正实现专家意见与鉴定意见相互制衡、支撑的愿景，不失为诉讼地位调整之良策。

（二）完善准入门槛

较好的专业资质是确保专家辅助人之专业性、案件专门问题得到有效解决的基石，适当提高专家辅助人的准入门槛，可以减少环境侵权诉讼司法实践当中专家资质良莠不齐、"伪专家"等鱼目混珠的情况。但当前，我国并未统一专家辅助人的具体准入规则，根据最高人民检察院《关于指派、聘请有专门知识的人参与办案若干问题的规定（试行）》第3条第2款之规定，违反职业道德、被吊销执业资格，不具备完全民事行为能力，曾经以办案人员身份参与过案件办理，近3年内违反本法第18条至第21条规定以及具有不宜参与办案其他情形的，不得作为有专业知识的人参与办案，其中，第18条至第21条亦为参与办案需要遵守的原则性规定。可见，法规只对专家辅助人资质作了反向排除性规定，且多为案件参与人需要遵守的基本原则，并未针对专家辅助人自身特殊性或是其专业资格审查做出正向规定，准入标准处于匮乏状态，更何谈标准之提高。

准入标准的匮乏将直接导致以下后果：一是环境侵权案件专家辅助人专业水准良莠不齐，权威性降低。于法官而言，专家辅助人的从业经验、专业知识与素养将成为法官采信其意见的重要评价因素，若专家辅助人个体专业水准差异大，会使得法官不仅需要审查各专家辅助人参与诉讼之合法性，还需前置审查其专业程度，合法性审查尚在法官法律专业知识范围内，但逐个审查其专业水准，无疑进一步加重了法官的"专业负担"。于当事人而言，准入标准不健全，仅凭当事人自身将难以选取到资质过硬的

〔1〕 参见张素敏、张琦：《专家辅助人参与环境民事诉讼的现状检视与制度重构》，载《昆明理工大学学报（社会科学版）》2020年第3期。

专家，其专业问题之证明也将无法达到预期。二是弱化专家辅助人之客观公正性，将其推向"市场化"的境地。进入市场环境中，当事人选取专家辅助人将不再以专业为唯一准则，诸如其与当事人适配程度、服务质量等专业外因素都将被纳入当事人的选取标准之中，专家辅助人的重心便从解决案件专业问题转向满足受聘需求了，这不仅无法推进环境侵权诉讼专业问题的解决，因为各方诉讼策略的不同，反倒可能使专业问题进一步复杂化。

完善专家准入标准至关重要，过于严格的准入标准影响适格专家人数、制度适用率，而宽泛的要求则是牺牲专业水准、耗费司法资源，故应当根据我国环境司法实际，设定合理的准入制度。一方面，应当明确专家的考评标准，对参与环境侵权诉讼的专家辅助人不应当只有合法性审查，更需要考察其政治背景、专业知识，后者可以从专业执业资格证书、从业经历以及个人履历方面入手；另一方面，推动专家智库的建立与完善，将通过合法性审查、资格审核的专家辅助人纳入专家智库之中，该库即当事人的专家选择范畴，如此一来便可解决专家市场化、侵蚀专业水准的现象。对于库中专家双方当事人可以单方申请亦可协商确定，当双方无法协商一致之时，便从其中随机选取，保障专家辅助人在诉讼中一定的客观性、中立性。

（三）规范参与程序

专家辅助人参与庭审之依据主要为 2019 年修正的《民诉证据规定》第 83 条、第 84 条，当事人可以向法院申请有专业知识的人出庭，法院经过审查后可以准许，具有专业知识的人可以参与与专业问题有关的或是针对鉴定意见的询问、质询等环节。可见对专家辅助人的庭审活动之规则设计尚停留于宏观层面，诸如法院的申请审查准则、当事人可以或是应当在哪一个诉讼环节申请专家辅助人出庭、专家辅助人于庭审中哪个环节进行发言与对质、具体发言规则等均为空白，司法实践中人民法院对此享有较大的自由裁量空间，由于专家辅助人出庭的最终决定权牢牢掌握在法院手中，甚至出现法院依照职权自聘专家辅助人的情况〔1〕，参与规范的模糊增加了专家辅助人在环境侵权诉讼中的无序性。另外，专家辅助人是否需要对出具或是发表的专业意见承担一定责任？专家意见虽相对客观、专业，但终归为专家凭借其专业知识以及设备作出的主观判断，理论上存在出现差错的可能，客观上亦无法实现完全准确，如果专家辅助人为偏袒一方当事人故意发表错误意见，或者是在发表专家意见时出现重大过失，进而导致法官审判工作出现偏差的情况下，专家辅助人需要在何种程度上承担责任，若缺乏监督或是追责机制，则难保庭审中专家辅助人意见之准确性。

规范参与程序，不仅是对专家辅助人有序参与环境侵权诉讼的保障，更是提高诉讼效率、推动专业问题有效解决的前提。当下，专家辅助人之诉讼地位并未实现从辅助人到专家证人的转变，按照法律法规规定，其意见还将被视为当事人陈述的一种，故专家辅助人意见的规范需要向当事人陈述的要求看齐，以实现整体融贯。而根据 2015 年《民诉解释》第 110 条规定，法院认为有必要的，可以要求当事人本人到庭对其进行询问，并在询问之前签署保证书，当事人拒绝到庭、拒绝接受询问或者拒绝签署保证书，待证事实又欠缺其他证据证明的，人民法院对其主张的事实不予认定。故专家辅助人也应负有按照法院要求出庭、接受询问并签署保证书，进行如实陈述的义务，其应与当事人步调一致，履行相同程序义务，依靠程序的庄严性、对法律处罚后果的畏惧心确保其陈述客观性〔2〕。而对于专家辅助人之启动，法律可以认可法院根据案情需要自聘专家辅助人的情况，在美国便有这样的先例，美国《联邦证据规则》第 706 条规定，法庭可以根据自己的选择指定专家证人，也可以指定由双方当事人同意的任何专家证人〔3〕，专家辅助人原则上可以参与庭审全过程，但在各个环节中

---

〔1〕　参见邵子婕、包建明：《民事诉讼中专家辅助人问题研究》，载《中国司法鉴定》2020 年第 2 期。

〔2〕　参见李树训：《论专家辅助人制度运行之问题解析》，载《唐山师范学院学报》2016 年第 6 期。

〔3〕　参见司法部司法鉴定管理局编：《两大法系司法鉴定制度的观察与借鉴》，中国政法大学出版社 2008 年版，第 180 页。

都只能针对专业问题范畴内之问题发表意见。此外，完善专家辅助人意见追责制具有必要性，除了签署保证书以外，亦可尝试构建宣誓制度以及专业意见责任制，将意见的准确、客观程度与专家准入资格挂钩，进而确保专家意见专业水准。